La Viande, Recettes Chez Bistro Mardi Gras

銀座 マルディ グラ流
ビストロ肉レシピ

和知 徹シェフ
Joru Wachi Chef de cuisine
直伝

和知 徹
Joru Wachi

はじめに

料理の世界に入ってすぐの頃。
早く自由自在に、肉を焼けるようになりたいと考えていた。
でも、考えているだけでは、好きなように焼けるわけもなく、
ただただ、毎日のようにイメージトレーニングしていた。
どれくらいの大きさに切り、どのくらい塩を振ればいいのかが、さっぱりわからず、
かといって、そんなことを手取り足取り教えてくれる人など、
次から次へと入るオーダーをこなし、1分1秒を争う厨房にはいなかった。
だから、この本では肉の重さに対する塩加減を明確にして、
誰もがおいしく肉を焼けることを目指した。
もし失敗したら？　と、気にしてばかりいてはつまらない。
僕は要領が悪くて、若い頃は失敗も繰り返したけれど、
その度に一人で考えて、試行錯誤をしてきた。
これからおいしい肉を食べられる！　ワクワクドキドキだなぁ！　という期待感。
上手く焼けた肉の香りや味わい、食べる人の喜ぶ顔を想像しながらつくる。
肉を焼くことは、とてもクリエイティブなこと。
みんなで囲む食卓の賑わいに華を添え、興奮する自分に気付く。
それは何にも替え難い瞬間で、楽しくてたまらない！
肉の厚みやカット、丁寧なプロセスと決まるレシピが、
おいしさや楽しさを生み出して、ふだんの肉料理がジャンプアップ。
自慢したくなる、食べたくなる、何より料理したくなる！
難しさは楽しさの始まりだから。
おいしい顔を思い浮かべながら、今日も僕は肉を焼きます！

Mardi Gras
和知 徹

和知 徹 Toru Wachi

1967年、兵庫県淡路島生まれ。辻調理師専門学校フランス校出身。ブルゴーニュの一つ星「ランパール」で研修後、「レストランひらまつ」に入社。在職中にパリ「ヴィヴァロワ」で研修し、帰国後にひらまつ系列店の料理長を経て、退職後の98年、銀座「グレーブガンボ」でオープン時から3年間、料理長を務める。01年に自身の店「マルディ グラ」をオープン。フランス料理にとどまらず、世界各国の料理を独自のフィルターに通した「和知料理」に定評がある。特に肉料理のスペシャリストとして、雑誌、テレビ等の取材、セミナーも多数こなすほか、カフェのメニュープロデュースも手掛ける。毎年、テーマを決めた旅に出て、そこでの経験を料理にフィードバックするのがライフワーク。無類の本と音楽好き。本書で使用した器の多くは、私物の白い器コレクション。著書に『銀座 マルディ グラのストウブ・レシピ』、共著に『人気シェフのたっぷり野菜レシピ帖』(共に世界文化社刊) など多数。

銀座 マルディ グラ流
ビストロ肉レシピ

002　はじめに

Lesson1
006　シェフ直伝
　　　ビストロ肉料理
　　　徹底マスター

牛肉 Beef
008　サーロインステーキ
016　ステーキに添えたい、3つのソースヴァリエ
017　牛ヒレ肉のメダイヨン
020　ロースト ビーフ
023　ステック アッシェ

豚肉 Pork
026　ロースト ポーク
030　ポークソテー シャルキュティエール
033　塩豚とレンズ豆の煮込み

鶏肉 Chicken
036　ロースト チキン
040　鶏胸肉のディジョネーズ
043　キエフ風カツレツ
046　鶏もも肉のバスケーズ

鴨肉 Duck
048　鴨胸肉のソテー 2種のソース
053　鴨のスモーク

羊肉 Lamb
056　子羊背肉のロースト
062　子羊もも肉のロースト
065　子羊のナヴァラン風

068　column ❶
　　　羊を上手に焼く者は、肉焼きを制す

Lesson2
070　手づくりの
　　　シャルキュトリー

072　リエット
074　しっとりボイルハム
076　スモークベーコン
077　ソーセージ
080　パテ ド カンパーニュ

084　column ❷
　　　道具のこと

Lesson3
085　肉に合わせる
　　　野菜料理

086　ラタトゥイユ
088　グラタン ドフィノワ
089　ゆで白いんげん豆／レンズ豆のサラダ
090　トマトとズッキーニのファルシ

092 野菜のソテーとピュレ
　　ポテト リヨネーズ／いんげんのソテー
　　アンディーヴのブレゼ／かぼちゃのピュレ
　　にんじんのピュレ／じゃがいものピュレ

094 キャロット ラペ

094 根セロリのレムラード

095 ラディッシュ バター

095 ポワロー ヴィネグレット

096 マッシュルームのサラダ

097 グリーンサラダ

098 **column ❸**
　　"決まり"に頼らず、"決まる"盛り付けを

Lesson4
100 # ようこそ！
　　洋食マルディ グラ軒へ

101 温故知新 ポークカレー

104 郷愁の ハヤシライス

107 カーニバル！ ハンバーグ

110 禁断の メンチカツ

113 麗しの ロールキャベツ

116 日曜日の ポークチャップ

119 王様の ビフカツサンド

122 W主演 チキンマカロニグラタン

126 あとがきに代えて
　　マルディ グラのこと、スタッフのこと。

この本の決まりごと
・大さじ1＝15ml、小さじ1＝5mlです。
・オリーブオイルと表記してあるものは、エキストラヴァージンオリーブオイルを指します。
・バターはすべて食塩不使用のものです。
・レシピで特にことわりがない限り、野菜を洗う、皮をむく、へたを取るなどの基本的な処理の記述は省略しています。
・小麦粉はすべて強力粉を使用していますが、薄力粉でも大丈夫です。
・塩と書いてあるものは、さらさらに炒った焼き塩。粗塩と書いてあるものは、ゲランドの塩を使っています。特に肉の下味には、まんべんなく振れる焼き塩がベストです。
・本書のレシピではすべて、肉の重さに対する塩の量を表記しています。レシピとまったく同じ重さの肉を準備できなくても、この割合がわかれば、準備した肉にどのくらいの塩を振ればいいか、割り出すことができます。

塩ひとつまみは
本書で塩ひとつまみ、ふたつまみと表記しているところは、写真のように、人差し指の第一関節にのる量をひとつまみとしています。本来の親指、人差し指、中指の3本指の先でつまんだ、ひとつまみの感覚は、人によっても変わるので、この量り方のほうが、より正確に塩加減をみることができます。

鶏のだしのとり方
レシピに何度か登場する「鶏のだし」は、鶏ガラと野菜からとったスープで、店でもあらゆる料理に使っています。少し足すだけで、煮込みやソースに深みが出るので、ぜひ活用してください。
鶏ガラ1kg、玉ねぎ2個、にんじん1/2本、にんにく3片、タイム（生）1枝を大鍋に入れ、材料がかぶる量より、2割ほど多めの水を注いで火にかけ、1時間〜1時間半煮ます。熱いうちに漉して密閉瓶に入れ、冷めたら冷蔵庫へ。1週間で使い切ります。冷凍保存も可。

Lesson1
シェフ直伝 ビストロ肉料理 徹底マスター

牛、豚、鶏、鴨、羊。
5種類の肉を使って、それぞれビストロの定番ともいえるメニューをつくってみましょう。
フライパンで焼き上げるシンプルで豪快なステーキ、オーブンでじっくりローストする塊肉、
フレンチらしいソースで仕上げるソテーなど、
気軽にチャレンジできるものから、いざというときのごちそうまで、わかりやすく解説します。
つくって食べれば、ますます肉が好きになること請け合いです！

Lesson1
Beef
牛肉

ビストロ肉料理レッスンは牛肉からスタート。ワイルドな赤身が魅力の輸入牛に、きめ細かなサシの入った黒毛和牛や旨味の濃い短角牛などバリエーション豊かな国産牛。牛肉といっても、ひと頃より選択の幅がぐんと広がりました。ここでは、ステーキ、ローストビーフなど王道牛肉メニューを例にそれぞれに最適な部位を使いながら、肉焼きの基本をマスターします。

サーロインステーキ
Contre-filet poêlé

いつの時代も、肉料理の花形といえば、サーロインステーキ。
分厚い塊を豪快に焼き上げてみましょう。
じっくりと余裕をもって作業できるから、
じつは薄切りのステーキよりも、ずっとうまく焼けるんですよ。

Lesson1
Beef   Contre-filet poêlé

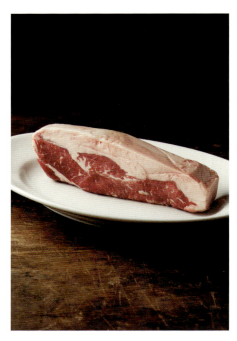

用意したのは、厚さ4cmのアメリカ産サーロイン。赤身部分にサシが入らず、脂身とはっきり分かれている。ダイレクトに熱が入りやすい部位で、薄いとすぐに焼けてしまうので、厚みのある塊をじっくり焼き上げるのがおすすめ。

POINT

【材料】(つくりやすい分量)
牛サーロイン……500g
塩……5g (肉の重さの1%)
黒胡椒……適量
オリーブオイル……大さじ1
バター……30g
クレソン (つけあわせ) ……適量

! 和知の調理道具
直径26cmの鉄製フライパン

process 01

肉は焼く30分前に冷蔵庫から出しておく。塩を表と裏、側面にもまんべんなく振る。下に落ちた塩も肉を張りつけながら、残さずまぶすこと。黒胡椒も同様に振る。

process 02

フライパンにオリーブオイルを入れ、中火にかける。肉がちょうど収まるサイズの厚手の鉄のフライパンを、ぜひ用意したい。

process 03

油の香りが立ったら、肉の脂身を下にして、立てて置く。火加減は弱火に近い中火で、そのまま動かさず、3分ほどしっかりと焼いたら、反対側の側面を下にして、同様に3分ほど焼く（写真下）。肉に厚みがあるので、まずはこうして、側面を焼き固める。

Lesson1
Beef | Contre-filet poêlé

process 04

肉を倒して、断面を焼き始める。側面しか焼いていないので、断面を指で押すと、まだブヨブヨしていて指が入っていく状態。

process 05

ここで火を少し強めて、バターを入れる。肉がアメリカ産でなく和牛の場合は、肉自体に脂も多く、独特の和牛香も生かしたいので、バターではなくオリーブオイルを少し足す。バターが溶け、焦げずにジュクジュクと泡立つ火加減を保ちながら、フライパンを手前に傾け、スプーンで肉の表面にバターをかけてアロゼする（写真下）。

process 06

　3分ほどアロゼを続けたら、肉をひっくり返して再びアロゼを3分。焼いた断面も、しっかり色はついているが、ガチガチに固まってはいない。

process 07

　アロゼは円を描くよう、リズミカルにスプーンを動かすのがコツ。トータルで約12分の火入れは長く感じ、焼き過ぎてしまわないか心配になるが、アロゼする間、フライパンを傾けているため、想像するよりも火のあたりは柔らかいのだ。

Lesson 1
Beef | Contre-filet poêlé

process 08
火を止め、肉とフライパンが密着しないよう、間にフォークなどをかませて2分休ませる。

process 09
金串を刺し、下唇の下に当てて確認。少し熱めの風呂くらいの温かさを感じられたら火入れは成功。フライパンから取り出し、さらに1分ほど休ませる。ちょうどミディアムレアの焼き加減。

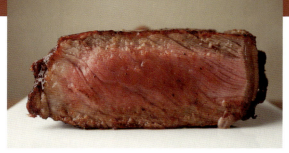

サーロインステーキ 焼き分けのコツ

How would you like your steak?

ミディアムレア
1〜9のプロセスで焼き上げた状態。アメリカ産の牛肉は鮮紅色が強く、火を入れるとピンクの色味が強く出る。通常は、焼いた時間と同じ時間、ねかせるところだが、アメリカ産のサーロインは特に、脂身と赤身がはっきりと分かれ、肉の繊維も太いことから、熱が伝わりやすいので短めでも大丈夫。

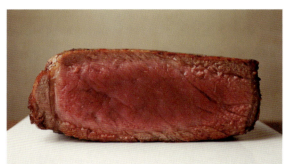

レア
焼き方は1〜9と変わらないが、側面と断面それぞれの焼き時間を1分半ずつ、合計6分の火入れに。レアというと表面だけを焼き固め、中はブヨブヨとした生状態のものも多いが、肉の中心部分まできちんと熱を通し、肉汁を回してあげることが大事。たたきではなく、ステーキなのだから。

ウェルダン
1〜7までと同様の手順、時間で焼き上げた後、火を止めてフライパンに蓋をし、焼いた時間の倍の時間休ませる。じつは、普段、肉を焼いていて、いちばん緊張する注文がウェルダン。ウェルダンを好む人の多くは、断面の赤さはもとより、赤いジュースが滲み出るのが苦手なのであって、決して、パサパサの固い肉が好きなわけではないのだ。だから、中までしっかりと火を通しつつ、パサつかせず、しっとりとした食感に仕上げたい。

Lesson1 Beef | trois sauce

ステーキに添えたい、3つのソースヴァリエ

肉に振った塩と胡椒だけでシンプルに味わうのもいいですが、フランス料理なら、やっぱりソースも添えたいですね。王道と個性派、3種類のソースを紹介します。

❀ サルサソース

ここ数年、自分ですっかりはまっているものです。みじん切りや角切りにした野菜を和えただけで味付けは一切なし。野菜の持つ味だけで、肉と堂々渡り合うソースになります。

【材料】赤玉ねぎ、ピーマン各100g、トマト150g

①赤玉ねぎはみじん切りに、ピーマンとトマトはそれぞれ種を取り1cmの角切りにする。
②①を混ぜ合わせれば完成。

❀ ベアルネーズソース

エストラゴンが香るマヨネーズ状の濃厚な味。とてもクラシックなソースで手間もかかりますが、覚えると自慢できますよ。

【材料】卵黄4個、エシャロット（みじん切り）大さじ2、エストラゴンの葉（みじん切り）10枚、エストラゴンの茎の部分2本、白ワインヴィネガー40ml、澄ましバター大さじ2、水大さじ4、塩ひとつまみ

①小鍋に白ワインヴィネガー、エシャロット、エストラゴンの茎を入れて火にかけ、ひと煮立ちしたら火を止め、エストラゴンの茎だけ抜いて冷ましておく。
②ボウルに卵黄、①、水を入れてよく混ぜたら、湯煎にかけながらホイッパーで撹拌する。
③もったりとするまで立てたら、澄ましバターと塩を入れてさらに立てる。マヨネーズ状になったら仕上げにエストラゴンの葉を混ぜ込む。

❀ グレービーソース

肉を焼いた後、フライパンに残った旨味にひと手間加える王道のソース。

【材料】玉ねぎ（くし形切り）1個、にんにく（半分に切って芯を取る）1片、バター15g、ブランデー80ml、鶏のだし（P5参照）50ml、塩少々

①肉を焼いた後のフライパンを中火にかけてバターを溶かし、玉ねぎ、にんにくを炒める。
②しんなりとしたらブランデーを入れてアルコールをとばし、鶏のだしを入れる。
③1/3量になるまで煮詰めたら塩で味を調え、目の細かいザルなどで漉す。

牛ヒレ肉のメダイヨン
Médaillon de bœuf maître d'hôtel

メダル状に成形して焼き上げる、クラシックなフランス料理。
ベーコンの旨味とバターの香りに包まれた、
柔らかく、繊細なヒレ肉の味わいが存分に楽しめます。
ここぞ！　というときのごちそうにぜひ。

Lesson1
Beef   Médaillon de bœuf maître d'hôtel

使用したのは、アメリカ産のヒレ肉。厚さは6cm。赤身のコクと、あっさりとした脂で、ベーコンやメートル・ドテル・バターの旨味や油脂ともちょうどよいバランスに。

【材料】(つくりやすい分量)
牛ヒレ肉……370g
塩……3.7g (肉の重さの1%)
黒胡椒……適量
ベーコン (スライス)……2枚
オリーブオイル……大さじ2
メートル・ドテル・バター……適量

※メートル・ドテル・バターのつくり方はP44を参照。
※たこ糸を120cmほど用意する。

▍和知の調理道具
直径24cmの鉄製フライパン

process 01 肉は焼き始める30分前に冷蔵庫から出しておく。表裏、側面まで、全体にまんべんなく塩と黒胡椒を振る。

process 02 肉の側面に、ベーコンのスライスを巻きつける。ちょうど真ん中にベルトを巻くように。このベーコンが、香り付けと保湿、保形の役目をする。

process 03 ベーコンを巻いた上から、たこ糸を何重か巻きつけて縛り、型崩れをふせぐ。

process 04 焼くと肉が膨らむので、ギュッときつく縛らず、ベーコンがはがれない程度に余裕をもたせて巻くと、仕上がりも美しい。

process 05 フライパンにオリーブオイル大さじ1を入れ中火で熱し、香りが立ったら、肉をベーコンを巻いた側面から置いて焼き始める。

process 06 うっすらと焼き色がつき、肉とベーコンがなじんで密着したら、転がしながら側面全体を同じように焼く。

process 07 オリーブオイル大さじ1を足し、肉を倒して断面を焼き始める。フライパンを傾け、スプーンで肉の表面に油をかけて、しばらくアロゼする。

process 08　底面に理想の7割程度の軽い焼き色がついたら肉をひっくり返し、同様にアロゼしながらしばらく焼く。ここで金串を刺して確認してみると、まだぬるい状態。

process 09　再度、肉をひっくり返し、8の作業をもう一度繰り返して両面ともちょうどよい焼き色にする。

process 10　火を止め、余熱でしばらくおき、金串を刺して中心まで温まっていることを確認。

process 11　まな板にとり、ハサミでたこ糸を外す。ベーコンはしっかりと肉に密着している。器に盛り、適当な大きさに切って室温にもどしておいたメートル・ドテル・バターをのせる。

牛肉は焼き色がつきやすいから、強火は厳禁！ゆっくり、じわじわと火を入れて

ここで焼いたのは、黒毛和牛のリブアイ。リブアイはリブロースのカブリ部分を外した、ど真ん中だ。脂、赤身それぞれの層と、その両方が混じり合う層が絡み合う。和牛は特に、その独特の香り、テクスチャー、旨味がとても重層的。

【材料】（つくりやすい分量）
和牛リブアイ（ブロック）……2.2kg
塩……26g（肉の重さの1.2%）
黒胡椒……適量
玉ねぎ……4個
にんにく……1株
タイム（生）……10枝
ローリエ（乾燥）……1枚
オリーブオイル……大さじ2

イタリアンパセリ、ホースラディッシュの千切り（つけあわせ）……各適量

! 和知の調理道具
深型のオーブンバット

process 01 肉は焼き始める2時間前に冷蔵庫から出しておき、焼く前に塩を全体にまんべんなくまぶす。下に落ちた塩も、肉をつけながら、分量の塩をしっかりつけること。

process 02 肉が大きいので、黒胡椒も全体にしっかりと振る。

process 03 玉ねぎは横半分に切り、にんにくは皮つきのまま横半分に切る。深さのあるバットなどに、玉ねぎを断面を下にして並べ、にんにく、タイム、ローリエものせる。

process 04 3の上に、肉をのせる。こうすることで玉ねぎがクッションとなり、柔らかく熱が入る。

process 05 艶出しのオリーブオイルを肉の上から回しかけ、200℃に予熱したオーブンに入れる。

Lesson1
Beef | Rosbif

process 06
30分経ったところで、いったん取り出し様子を見る。うっすらと焼き色がついているが、金串を刺してみると、まだ中は冷たい状態。バットを傾け、底に溜まった油をスプーンで肉にかけ、再度オーブンに入れる。

process 07
さらに30分後、取り出して様子を見る。しっかりと焼き色もついたので、金串を刺して確認。だいぶ中心も温まってきた。艶出しに底に溜まった油を回しかけ、再度オーブンへ入れ、仕上げ焼きする。

process 08
さらに20分焼いて完成。肉の状態や室温でも前後するが、トータルで1時間20分ほど。オーブンから出し、底に溜まった油を回しかけ、そのまましばらくおいて落ち着かせてから切り分ける。盛り付けの際は、周囲のよく焼けた部分を切り落とすと美しい仕上がりに。もちろん、切り落としもカリカリで旨い。

ステック アッシェ
Steak haché

粗く叩いた肉をまとめてステーキにした、フランス版ハンバーグ。
塩と胡椒のシンプルな味付けに、牛脂を加えて風味をプラスします。
レア気味に仕上げて、とろける食感を味わってください。

Lesson1
Beef | Steak haché

旨味の濃さとジューシーさを兼ね備えた短角牛のもも肉は、ハンバーグにぴったり。ここへさらに和牛の脂を加えることで、風味豊かに仕上がる。

【材料】(つくりやすい分量)
牛もも肉……500g
牛脂(和牛のもの)……150g
塩……6.5g (肉と脂を合わせた重さの1%)
黒胡椒……適量
オリーブオイル……大さじ1
バター……15g

❗ 和知の調理道具
直径24cmの鉄製フライパン

process 01 牛もも肉は5mmくらいの厚さにスライスしてから細切りにし、さらに粗く刻む。

process 02 牛脂も同様に粗く刻む。通常、ステックアッシェに牛脂は入れないが、旨味をプラスする調味料的な役割として、和牛の脂を入れる。

process 03 手で全体をざっくりと混ぜ合わせたら、さらに包丁で叩いていく。

process 04 ときどき上下を返しながら、ある程度叩いたら、塩と黒胡椒を全体に振り、さらに叩く。

process 05 包丁を2本使って叩いてもよい。肉の粒は大きく、まだらなままでいいので、肉を細かく切ろうとせず、叩きながら混ぜるイメージで。

process 06 全体がねっとりとしてまとまったら、たねを3等分にしてボール状に丸め、真ん中を凹ませる。厚みがほしいので、平らにしなくてよい。

process 07 フライパンにオリーブオイルを入れて中火で熱し、香りが立ったら6のたねを置き、火を少し弱める。

process 08 しばらく動かさずに焼き、焼き色がついたらひっくり返し、バターを入れる。

Mardi Gras

process
09 溶けたバターが焦げないよう、ジュクジュクする火加減を保ちながら、スプーンでバターを表面にかけてアロゼする。油のムースでコーティングしながら焼くイメージ。

process
10 2〜3分アロゼしたら、金串を刺してみる。まだぬるい状態なら、もうしばらく焼く。なめらかだった表面が、でこぼこしてきたら、火が通った合図。火を止め、数分余熱で落ち着かせてから器に盛る。残りのたねも同様に焼く。フライパンに残った焼き汁はソースに。

火はちゃんと通っているが、赤みの残るレア状態。つなぎを入れないからこそ、ステーキとして楽しめる。

野菜と一緒にパンに挟めば、ボリューム満点のハンバーガーにも！

Lesson1
Pork
豚肉

キュッと締まった肉質、部位ごとの味わい、脂の甘さ。焼いたり煮込んだりという調理の他、シャルキュトリーなど、さまざまに変化させる楽しみもいろいろ。料理人にとっては、扱っていてこれほど楽しい肉はありません。ここでは、シンプルなロースト、フランス風の気軽なソースを添えたソテー、塩豚の煮込みを紹介します。

ロースト ポーク
Côte de porc rôtie

塊肉にジャストの塩をして、オーブンへ入れるだけ。
一緒に焼いた玉ねぎやりんごが、風味付けはもちろん、
適度な湿度を保ってくれることもあり、
しっとり、ジューシーな焼き上がりに。

Lesson1 Pork — Côte de porc rôtie

分厚い脂身のついたロース肉の塊を用意。マリネなどで下味をつけず、いきなりオーブンで焼き上げるシンプルな方法だが、この大きさがあれば縮みなども少なくジューシーに仕上がる。

【材料】(つくりやすい分量)
豚ロース肉(ブロック)……1.4kg
塩……19g(肉の重さの1.4%)
黒胡椒……適量
玉ねぎ……1個
りんご……2個
にんにく……2片
タイム(生)……10枝
ローリエ(乾燥)……1枚
オリーブオイル……大さじ2

ローズマリー(つけあわせ)
　……適量

! 和知の調理道具
直径32cmのグラタン皿

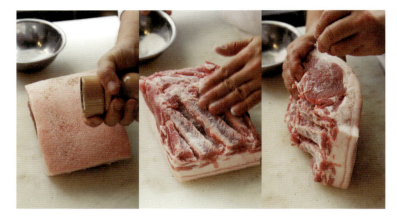

process 01　肉は焼く1時間半前に冷蔵庫から出しておく。包丁の先で脂身と肉の数カ所を刺してから、全体にまんべんなく塩と黒胡椒をまぶす。脂身、側面、身の側は骨を抜いたくぼみの部分まで、しっかりと塩をすりつける。下に落ちた塩も残さずに。

process 02　玉ねぎは縦半分に切る。りんごは皮つきのまま半分に切る。にんにくは皮をむいてそのまま使う。

process 03　大きなグラタン皿やバットなど、深さのある耐熱容器に、肉の脂身を下にして置き、隙間に玉ねぎ、りんごを入れ、にんにくをのせる。

process 04　肉の上から艶出しのオリーブオイルを回しかける。

^{process} 05 ローリエを隙間に入れ、タイムをのせ、220℃に予熱したオーブンに入れる。

^{process} 06 30分焼いたところで、いったん取り出し、肉をひっくり返して脂身を上にする。

^{process} 07 再びオーブンへ。温度はそのままで、1時間焼く。トータルで1時間半を目安に、金串を刺してみてしっかり温まっていれば焼き上がり。オーブンから出してもすぐに切らず、しばらく休ませる。器に盛り、玉ねぎやりんごはつけあわせに、風味が移ったジュはソースとして肉にかける。

| Lesson 1
Pork

ポークソテー
シャルキュティエール
Côte de porc charcutière

"お惣菜屋さん風"という名のソースを添えた、分厚いポークソテー。
しっとりと焼き上がった豚肉の脂の甘さに、マスタードの風味や
ピクルスの酸味がとてもマッチして、
気取らずにフレンチの良さが味わえます。

ここで使ったのは、厚さ3cm強のロース肉。厚切りにすると反り返りや焼き縮みも少なく、薄切りよりも焼き加減を調整しやすい。

【材料】(つくりやすい分量)
豚ロース肉 (厚切り) ……500g
塩……6g (肉の重さの1.2%)
黒胡椒……適量
玉ねぎ (みじん切り) ……100g
トマト (輪切り) ……大1個
きゅうりのピクルス
　(細いもの。輪切り) ……40g
パセリ (みじん切り) ……大さじ1
マスタード……大さじ1
白ワイン……100ml
バター……30g
オリーブオイル……大さじ1
塩、黒胡椒 (ソース用)
　……各適量

❗ 和知の調理道具
直径24cmの鉄製フライパン

process 01　豚肉は焼く1時間前に冷蔵庫から出しておき、分量の塩、黒胡椒をまんべんなく振る。

process 02　フライパンにオリーブオイルを入れて中火で熱し、香りが立ったら肉を置き、そのまましばらく動かさずに焼く。

process 03　薄い焼き色がついたら、脂身のある側面を立てて置き、軽く焼き色がついたら、焼いていないほうの断面を下にして倒し、弱火にする。

process 04　フライパンを傾け、溜まった油をスプーンで肉に回しかけるアロゼをしながらゆっくりと火入れをする。

process 05　肉の縁の部分がジクジクいっている火加減をキープする。これは、肉の水分が出て、油と反応してはぜている状態。

process 06　いい焼き色がついたら、再度ひっくり返し、しばらくアロゼをする。肉に火が入ると、詰まっていた繊維がほぐれ、毛穴が開いたような状態になる。指で押さえると跳ね返す弾力があるが、金串はスッと入り、血がにじんでこなければ焼き上がりの合図。皿に取り出して暖かいところに置き、さらに余熱で火を入れる。この間にソースをつくる。

Lesson1
Pork *Côte de porc charcutière*

> フランス人は辛いものは苦手だけれど、マスタードの香りは大好き。火を止めてから仕上げに加え、香りを生かすのがポイント

POINT

肉を焼いた後のフライパンでシャルキュティエール ソースをつくる

process 07 肉を取り出した後、フライパンに残った油をキッチンペーパーで拭き取り中火にかけ、バターを入れる。

process 08 バターが溶けたら玉ねぎを入れて、塩ひとつまみ、黒胡椒少々を振り、しんなりとするまで炒める。

process 09 玉ねぎが甘い香りに変わったら、白ワインを入れて火を強め、2/3量くらいまで煮詰めてアルコールをとばす。

process 10 トマト、きゅうりのピクルスを入れて混ぜ、全体が温まる程度に軽く煮たら、塩、黒胡椒で味を調えて火を止める。

process 11 最後にマスタードとパセリを入れて混ぜ、ソースが完成。

process 12 落ち着かせておいた肉を斜めにスライスして器に盛り、ソースを添える。

塩豚と
レンズ豆の煮込み
Petit salé

プティサレと呼ばれる、フランス定番の煮込みです。
味付けは、豚肉の塩気のみ。
じわじわと優しく煮込むことで、
レンズ豆に豚肉の旨味がしみ渡るのです。
豚はしっとり、豆はほっこり。癒しの味ですよ。

Lesson1
Pork *Petit salé*

1kgの豚バラ肉を塊のまま塩漬けし、煮込む。肉の密度が詰まっているので、脂身を包丁の先で数カ所、刺すと塩がよく浸透する。脂も強いので、塩は少し強めに。

【材料】(つくりやすい分量)
豚バラ肉（ブロック）……1kg
塩……14g（肉の重さの1.4%）
黒胡椒（ホール）……大さじ1
にんにく（輪切り）……大1片
タイム（生）……10枝
ローリエ（乾燥）……1枚

レンズ豆（乾燥）……250g
玉ねぎ……200g
にんじん……100g
セロリ……10g
にんにく……1/2片
ローズマリー……1枝
ローリエ（乾燥。スープ用）……1枚
バター……80g
塩、胡椒……各適量
水……1600ml

⚠ 和知の調理道具
直径24cmの浅型の鋳鉄鍋

process 01　豚肉は脂身の表面を包丁の先で数カ所刺してから、塩をまんべんなくすり込む。脱骨したくぼみの部分も忘れずにしっかりと。

process 02　脂身を下にしてバットにのせ、黒胡椒、にんにく、タイム、ローリエをのせ、ラップをかけて冷蔵庫で3日間ねかせる。途中、肉から水分が滲み出てきたら、キッチンペーパーで拭き取る。

process 03　3日後。塩が浸透し、肉の赤みが濃くなっている。上にのっている胡椒やハーブなどを取り除く。

process 04　玉ねぎ、にんじん、セロリは1cm角に切る。にんにくはみじん切りにする。

process 05　レンズ豆は水でもどしておかなくても柔らかく煮えるので、乾燥のまま使う。

^{process} **06** 厚手の鍋にバターを入れて中火にかける。たっぷりのバターが旨味になり、調味料にもなる。

^{process} **07** バターが溶けたらにんにくを入れて炒め、香りが立ったら玉ねぎを入れ、甘みを引き出すための塩ひとつまみと胡椒少々をして炒める。

^{process} **08** 玉ねぎがしんなりとしてきたら、にんじん、セロリ、ローズマリー、ローリエを入れて軽く炒め、油がなじんだらレンズ豆を入れる。

^{process} **09** 軽く炒めてなじんだら3の豚肉を脂身を上にして入れ、水700mlを注ぐ。鍋の容量や形状にもよるので、肉の表面が出るくらいの水分量を目安に。

^{process} **10** 火を強めて沸騰したら弱火にし、蓋をしてまずは1時間ほど煮込んで様子をみる。豆のベッドの上で、肉に柔らかく熱を通す。

^{process} **11** 1時間後。レンズ豆がだいぶ煮えて水分がなくなったので、水900mlを目安に注ぎ、蓋をしてさらに30分煮込む。

^{process} **12** トータルで1時間半後。豆も柔らかく煮え、肉も金串がスッと通る柔らかさに。適当な大きさに切り分け、器に盛る。肉はこうして塊のまま煮るほうが、しっとりと仕上がる。小さく切ってしまうと、肉汁と水分の交換が早まり、味も抜けやすいのだ。

035

Lesson1
Chicken
鶏肉

牛や豚と比べて個体が小さいからこそ、たとえば、丸焼きにすれば、もも肉、胸肉といった部位ごとの肉質や味わいの違いが一度に味わえる醍醐味があります。ここでは、胸肉をしっとり柔らかに仕上げるビストロ定番料理と、骨つきもも肉のシンプルな煮込みをマスターしましょう。

ロースト チキン
Poulet rôti

鶏の丸焼きがドンと置かれたテーブルって、子供の頃から憧れでした。
手順は簡単だけど、ギリギリの火入れで、パサつかせずしっとりと仕上げたいところ。
一緒に焼いたじゃがいもや玉ねぎも、鶏の旨味を吸っておいしいですよ。

Lesson1
Chicken | Poulet rôti

少し大きめの1.8kgの丸鶏を使用。ジューシーに仕上げたいので、オーブンの容量も考慮しつつ、できるだけ大きなものを選びたい。

【材料】
丸鶏（中抜き）……1羽（1.8kg）
塩……18g（肉の重さの1%）
黒胡椒……適量
玉ねぎ……3個
じゃがいも……大2個
にんにく……4片

タイム（生）……10枝
ローリエ（乾燥）……1枚
オリーブオイル……大さじ2
白ワイン……400ml
バター……20g
塩、胡椒（ソース用）……各適量

❗ 和知の調理道具
深型のオーブンバット（直火にかけられるもの）

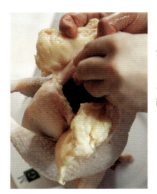

process 01 鶏肉は焼き始める2時間前に冷蔵庫から出しておく。塩の1/3量を、鶏肉のお腹の中に、まんべんなくすりつけ、黒胡椒をたっぷりと振る。

process 04 鶏肉を置き、タイム、ローリエを周囲に置き、上から艶出しのオリーブオイルをかけて、220℃に予熱したオーブンへ。70〜80分を目安に焼く。

process 02 残りの塩を鶏肉の表面全体にまんべんなくすり込み、黒胡椒を振る。下に落ちた塩も残さずしっかりつけること。

process 05 身の厚いところに金串を刺し、しっかり温まっていれば焼き上がり。鶏肉と野菜は取り出して暖かいところに置いて落ち着かせておく。バットに残った焼き汁はボウルなどに取り分けておく。

process 03 玉ねぎは横半分、じゃがいもは皮つきのままくし形に切る。にんにくは皮つきのまま、破裂しないよう包丁の先でつつく。直火にかけられるバットなどに、玉ねぎの断面を下にして並べ、じゃがいも、にんにくも並べる。

process 06 ソースをつくる。バットを直火にかけ、白ワインを入れる。沸騰したら木べらでこびりついた旨味をこそげ取り、半量まで煮詰める。取り分けておいた焼き汁を戻し、しばらく火にかけてさらに煮詰めたら、味をみて塩、胡椒で調え、冷たいバターを入れて溶かし込む。

鶏肉を形良く焼き上げるには

下味をつけた丸鶏は、そのまま焼いてももちろんいいのですが、たこ糸で縛って形を整えると、美しく仕上がります。余裕があればぜひチャレンジを。

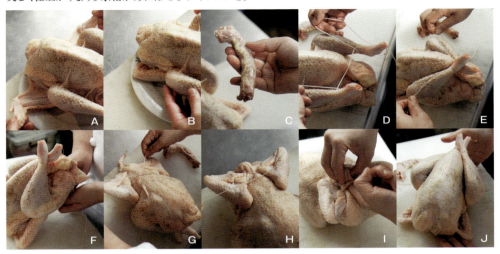

①手羽の部分を後ろ側にしまう。背中で手を組む感じで（A、B）。
②処理されていることも多いが、もし首肉がついていたら根元から切り落とす（C）。旨味があっておいしい部分なので一緒に焼くといい。
③たこ糸を110cmほど用意。2本の足の真ん中に糸の中心を合わせ、それぞれの足で糸を一回転させる（D）。
④そのまま足をクロスさせ、キュッと縛り上げたら（E）、糸をもも肉と胸肉の間に引っ掛け、後ろに回す（F）。
⑤鶏を裏返してクロスさせたら、ほどけないよう、手羽に2回引っ掛けて縛り上げる（G、H）。
⑥頭の皮が出ていたら押し込むなど（I）、形を整える（J）。

卓上での鶏のさばき方

バリバリッとむしるのも醍醐味だけれど、テーブルでもも肉と胸肉がきれいに切り出せると、ちょっとかっこいいでしょう？

①結んでいたたこ糸を切って外す（A）。
②まず最初に、両側のもも肉の部分を切り離す（B、C）。
③次に、中骨に沿って包丁を入れ（D）、胸肉を切り離す（E）。
④ざっくりとでも、これだけできれば十分（F）。つけあわせとともに皿に取り分け、ソースをかけてどうぞ。

鶏胸肉のディジョネーズ
Suprême de volaille à la dijonnaise

ディジョンの名産品、マスタードの風味を効かせたクリームソースです。
白く、クリーミーに仕上げるため、香ばしさの要素は入れないのが決まり。
柔らかく、しっとりと火入れできたら、鶏胸肉のおいしさに開眼しますよ。

脂肪の少ない鶏胸肉はとても繊細。火を入れ過ぎると固くパサパサになってしまうが、ジャストに火入れできればしっとり柔らか、ごちそうに化ける難しい部位。

【材料】(つくりやすい分量)
鶏胸肉……1枚 (260g)
塩……2g (肉の重さの0.8%)
白胡椒……適量
小麦粉……適量
マッシュルーム……80g
生クリーム (乳脂肪38%)……150ml
マスタード……大さじ2
バター……30g
オリーブオイル……大さじ1
塩 (ソース用)……ひとつまみ

⚠ 和知の調理道具
直径24cmの鉄製フライパン

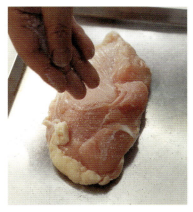

process 01 胸肉は小さいので室温にもどさなくてもよい。全体にまんべんなく塩と白胡椒を振る。身の厚い部分は特に重点的に。白く仕上げる料理なので白胡椒を使う。

process 02 小麦粉をまぶす。たっぷりつけてから、余分な粉をはたいて落とすと薄くきれいにつく。

process 03 フライパンにオリーブオイルを入れて中火にかけ、香りが立ったらすぐに肉を置く。ジワジワと音がしたらすぐに弱火に。

process 04 胸肉は繊細なので、鍋と接する面がなるべく固くならないよう、焦がさず、小麦粉のコーティングだけを焼き固めるイメージ。ジワジワする音も、出てくる気泡も小さい。うっすらと色がついて、縁の5mmくらいの色が変わってきたタイミングでひっくり返す。

process 05 もう片面も、色が変わった程度ですぐに取り出す。まだ中まで火は通らず、ブヨブヨした状態。

Lesson1
Chicken Suprême de volaille à la dijonnaise

**肉を焼いた後のフライパンで
ディジョネーズソースを仕上げる**

process 06　マッシュルームは厚めにスライスする。調味料も量って準備しておく。

process 07　フライパンの油をキッチンペーパーで拭き取る。中火にしてバターを溶かしたところへ、マッシュルームと塩ひとつまみを入れて炒める。

process 08　マッシュルームがしんなりとしたら肉を戻し、生クリームを入れる。

process 09　生クリームがブクブクと沸く火加減でフライパンを傾け、スプーンで生クリームを肉にかけながら煮詰めていく。身の厚いところを重点的に。

process 10　途中、肉をひっくり返して、同じように生クリームを回しかけ、またひっくり返す。煮詰まり過ぎたら水を少量（分量外）足して調整する。厚い部分に金串を刺して確かめると、温まってはいるが、ぬるい感じ。完全に火が入るまであとちょっと。

process 11　ソースにとろみがつき、ちょうどいい加減になったら、火を止めて仕上げにマスタードを溶かし込む。鶏肉は、9割程度の火通りだが、火を止めた後の余熱で完全に火が通る。

process 12　鶏肉を取り出し、食べやすい大きさにスライスする。ジャストに火が通って、見た目にもしっとり。器に盛りつけ、ソースをかける。

Mardi Gras

キエフ風カツレツ
Poulet à la Kiev

胸肉を薄く叩きのばしてからバターを包むレシピが多いのですが、
これは分厚いまま揚げて、肉の食感も楽しみます。
こんがり、きつね色のチキンカツにナイフを入れた瞬間、
香草たっぷりの熱々バターがジュワーッと流れ出て、歓声が上がること間違いなし！

Lesson1
Chicken | Poulet à la Kiev

鶏胸肉は、皮をはがして使う。肉に火が通る前に中のバターが外へ溶け出してしまわないよう、室温にもどしておくのがポイント。

【材料】（つくりやすい分量）
鶏胸肉……1枚（300g）
塩……2.5g（肉の重さの約0.8%）
黒胡椒……適量
メートル・ドテル・バター……20g
小麦粉……適量

A
卵……1個
小麦粉……40g
牛乳……30ml

パン粉（細かいもの）……適量
バター……40g
サラダ油……200ml

レモン（つけあわせ）……適量

❗ 和知の調理道具
直径26cmの鉄製フライパン

メートル・ドテル・バターをつくる

エスカルゴにのせるバターとしてもおなじみ。和知式は、にんにくとパスティスの風味を効かせます。カレー粉はほんの少し、臭み消し程度に。ステーキにのせたり、トーストに塗ったり、仕込んでおくといろいろ使えますよ。

① バターは室温にしばらくおいて柔らかくしておく。エシャロットはざく切りにし、にんにくは半分に切って芯を取る。
② フードプロセッサーにエシャロット、にんにくを入れて粗みじん切りにしたところへ、パセリを2回に分けて入れて回し（A）、ペースト状にする。
③ プレーンヨーグルト、パスティス、カレー粉、塩を入れて軽く回してから、バターを入れて（B）完全になめらかになるまで回す（C）。
④ ラップを二重にして広げ、③をのせて棒状に包み（D）、冷蔵庫で固く締める。長期の冷凍保存も可能。使う分だけラップごと輪切りにしてはがすと便利。

【材料】（つくりやすい分量）
バター……200g
エシャロット……1個
にんにく……1片
パセリの葉……25g
プレーンヨーグルト……大さじ1/2
パスティス（またはペルノー）……小さじ1
カレー粉……少々
塩……3g
※パスティス、ペルノーは共にアニスを原料につくられる酒

process 01 鶏肉は使う30分前に冷蔵庫から出しておく。口当たりをよくするため皮をはがし、全体にまんべんなく塩、黒胡椒をまぶす。

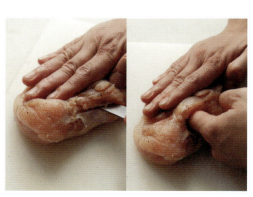

process 02 肉の一番厚みのあるところから横に切り込みを少し入れ、指で中を押し広げる。切り口はバターが漏れないようギリギリの長さにとどめるのがポイント。

Mardi Gras

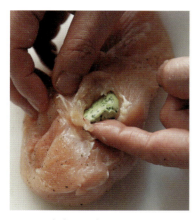

^{process} **03** 切り口からメートル・ドテル・バターを詰める。バターは冷えて固い状態で。

^{process} **04** 小麦粉をまんべんなくまぶす。切り口は特にしっかりとつけること。

^{process} **05** Aをよく混ぜ合わせバッター液をつくり、4にからめる。これも、切り口を特に念入りに。

^{process} **06** パン粉をまんべんなくつける。パン粉はできるだけ目の細かいものを。これは固くなったバゲットを粉砕したもの。

^{process} **07** フライパンにサラダ油とバターを入れて中火にかけ、ブクブクと沸いてきたら6を入れる。フライパンは、肉がちょうど収まるくらいの大きさにすると、油の深さも出て揚げ焼きしやすい。

^{process} **08** まだ色がつかず、衣が固まったくらいでひっくり返す。

^{process} **09** フライパンを傾け、バターを詰めた身の厚い部分を中心に、スプーンで油をかけてアロゼする。

^{process} **10** 底面にいい色がついてきたらひっくり返し、さらにアロゼする。全体にいい色がつき、肉の水分が出てはぜる音が聞こえてきたら引き上げ、少しおいて余熱で火を通す。器に盛り、レモンを添える。

Lesson1
Chicken

鶏もも肉のバスケーズ
Poulet à la basquaise

フレンチバスクの名産、エスペレット唐辛子の風味を添えた煮込みで、
鶏肉でつくるのがポピュラーです。
肉にはたいた粉と野菜のとろみだけなので、さらりとして食べやすいですよ。

フランスで鶏もも肉といえば、骨つきが基本。煮込みにすれば、骨からもいいだしが出て、ほろほろと崩れる食感が味わえる。

【材料】(つくりやすい分量)

骨つき鶏もも肉……4本(850g)
塩……10g(肉の重さの1.2%)
黒胡椒……適量
小麦粉……大さじ4
パプリカ(赤)……2個
マッシュルーム……5個
玉ねぎ……2個
にんにく……2片
生ハム……25g
ピマンデスペレット……小さじ1/2
タイム(生)……10枝
ローリエ(乾燥)……1枚
白ワイン……200ml
トマトピューレ……400g
鶏のだし(P5参照)……600ml
オリーブオイル……大さじ1
塩、胡椒(煮汁用)……各適量

⚠ 和知の調理道具
直径24cmの鋳鉄製鍋

process 01 鶏肉は全体にまんべんなく塩、黒胡椒を振り、小麦粉を薄くはたく。

process 02 パプリカは大ぶりに切る。マッシュルームは厚めのスライス、玉ねぎはくし形切りにする。にんにくは半分に切り芯を取る。

process 03 鍋にオリーブオイルを入れて中火にかけ、香りが立ったら鶏肉の皮目を下にして並べる。しばらくそのままにし、焼き色がついたらひっくり返し、さっと焼いて取り出す。一度に4本は焼けないので、2本ずつ焼くとやりやすい。

process 04 空いた鍋に、にんにく、玉ねぎ、タイム、ローリエ、塩ひとつまみを入れて強めの中火で炒める。すぐに香りが立ってくるので、パプリカ、マッシュルームを入れる。全体を混ぜて油がなじんだら、蓋をして3分ほど蒸し焼きにし、野菜に色をつけずにしんなりとさせる。

process 05 鶏肉を戻し、白ワインを入れて沸騰させてアルコールをとばしたら、トマトピューレ、鶏のだしを入れる。

process 06 ピマンデスペレット、生ハムをちぎって入れ、沸騰したら弱火にし、蓋をして40分～1時間を目安に煮込む。少量の生ハムからも、いいだしが出る。

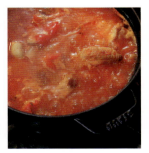

process 07 鶏肉が柔らかくなったら、蓋をはずして10分ほど強火にかけ、煮汁の水分をとばしてちょうどよい濃度にする。味をみて、足りなければ塩、胡椒で調える。

Lesson1
Duck
鴨肉

フランス料理に、鴨は欠かせぬ存在です。骨つきのもも肉は、気軽なビストロでコンフィなどに大活躍。一方、胸肉は高級レストランで堂々主役を張るメイン食材にもなります。たっぷり出る脂も、さまざまな料理の風味付けに重宝。今回は、手に入りやすくなった胸肉をメインに、ソテーとスモークを紹介します。

鴨胸肉のソテー 2種のソース
Magret de canard sauté aux deux sauce

カリカリの皮とジューシーな赤身のコントラスト。
おいしく焼けたら、それだけでも満足だけれど、ソースを添えれば華やかなごちそうに。
クラシックなオレンジソースと軽やかなタプナード、どちらが好きですか？

Lesson1 Duck

Magret de canard sauté aux deux sauce

使用したのは、フランス南西部ランド産の鴨胸肉。1枚が400g前後と大ぶりなので、じっくりジューシーに焼くことができる。シャラン鴨やマグレ鴨などもソテーには向く。

【材料】(つくりやすい分量)
鴨胸肉……2枚(1枚400g)
塩……8g(2枚分。肉の重さの1%)
黒胡椒……適量
オリーブオイル……小さじ1

❗ 和知の調理道具
直径24cmの鉄製フライパン

process 01 鴨胸肉は、P54の手順1〜4を参照して筋取りなどの掃除をし、皮目に切り込みを入れ、塩、胡椒をする。

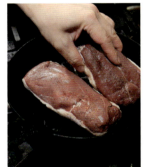

process 02 フライパンにオリーブオイルを入れて中火で熱し、香りが立ったら鴨肉の皮目を下にして入れる。置いた瞬間、ジュワーッと音がするくらいの温度がちょうどよい。

process 03 すぐに脂が出てきてジワジワとしてくるので、火を弱め、ゆっくりと脂を出しながら焼く。強火で色だけつけようとすると、脂が抜け切らずに皮の食感が悪くなるのだ。

process 04 しばらく触らずに焼くと、クリアだった脂が、だんだんと濁ってくる。皮目にも色がついてきた。ここで火を強めて、さらに焼き色をつけていく。

process 05 ある程度色がついたら、いったんバットなどに肉を取り出し、溜まった脂をボウルに取り分ける。脂は捨てずに、炒めものやフライドポテトなどの風味付けに使おう。

process 06 再びフライパンを熱して、皮目を上にして置き、身の側をさっと焼く。

process 07 身の側に軽く焼き色がついたら、再び、皮目を下にして仕上げ焼き。さらに脂を抜いて焼き切り、カリカリにする。この時点で7割程度の火通り。

process 08 ひっくり返して皮目を上にし、火を止める。そのまま、焼いた時間の2/3くらいの時間を目安に休ませる。

ソース❶──肉を焼いた後のフライパンで仕上げる

オレンジソース Sauce à l'orange

鴨といえばコレ！ の定番ソース。クラシックなレシピは焦がした砂糖にオレンジ果汁を加え、甘みも強いのが特徴ですが、和知式は果汁を入れずにオレンジのリキュールで、現代風にすっきりと仕上げました。

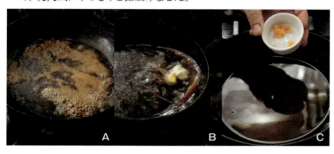

【材料】(つくりやすい分量)
オレンジの皮（すりおろす）……小さじ1
グランマニエ（オレンジのリキュール）
　……50ml
鶏のだし（P5参照）……50ml
バター……15g
塩……少々
飾り用オレンジの果肉、皮、
　イタリアンパセリ……各適量

①フライパンに残った油をキッチンペーパーで吸い取り、中火にかける。十分に温まったら弱火にしてグランマニエを入れ、アルコールをとばす（A）。
②鶏のだしを入れ、ごく少々の塩をして、2/3量くらいまで煮詰めたら、冷たいバターを入れ、フライパンをゆすりながら溶かし込む（B）。
③バターが混ざり、とろみがついたらオレンジの皮を入れて（C）完成。

胸肉は大胆に縦半分に切って器に盛る。ソースをかけ、オレンジの果肉、皮、イタリアンパセリなどを散らす。

Lesson1 Duck *Magret de canard sauté aux deux sauce*

ソース❷──つくり置きできる万能ペーストで手軽に

── タプナード *Tapenade*

黒オリーブにアンチョビやにんにくを加えた南仏でおなじみのペースト。
つくっておけば、肉を焼くだけですぐに楽しめます。
僕のはかなり、にんにくが効いてますよ。

①にんにくを半分に切って芯を取り、フードプロセッサーに入れてみじん切りにする。
②①に黒オリーブを入れ、オリーブオイルを2～3回に分けて入れながら（A）、さらに細かくする。
③アンチョビペーストも入れて回し、少し黒オリーブの粒感が残る程度のペースト状にする（B）。保存は、瓶に詰めて、空気に触れないよう表面にオリーブオイル（分量外）を張って冷蔵庫か、ラップなどで密封して冷凍庫へ。

【材料】（つくりやすい分量）
黒オリーブ（塩漬け、種抜き）……170g
アンチョビペースト……大さじ1
にんにく……大2片
オリーブオイル……50ml

胸肉は長さが取れるよう、斜めに薄くスライス。皿の中心を決め、そこから少しずつずらして並べていくと美しいエヴァンタイユに。粗塩と粗挽き胡椒を振り、タプナードをスプーンですくって添える。

鴨のスモーク
Canard fumé

チップを使わず、番茶で短時間にスモークした鴨は、
燻香も穏やかで、鴨そのものの味わいを生かしてくれます。
家にある道具と材料で、気軽にチャレンジしてください。

Lesson1 Duck | Canard fumé

ソテーと同じく、ランド産の鴨胸肉を使用。これよりもだいぶ小ぶりにはなるが、国産の合鴨を使ってもおいしくできる。その場合は、スモークの時間を少し短めに。

【材料】(つくりやすい分量)
鴨胸肉……1枚(400g)
塩……5g弱(肉の重さの1.2%)
黒胡椒……適量
ホースラディッシュ、イタリアンパセリ……各適量
番茶(スモーク用)……15g

スモークに使ったのは、番茶。緑茶、ほうじ茶など、好みのものを使ってみてください。開封して飲み切らずに湿気てしまったものなどで十分ですよ。

! 和知の調理道具
直径24cmの鉄製フライパン、中華鍋

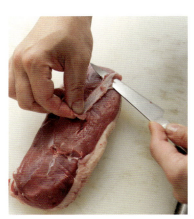

process 01　鴨胸肉は、身の側に薄い膜や筋があれば、包丁で引いて掃除をする。

process 02　皮目を上にし、表面にプツプツと見える毛穴のラインに沿って、斜めに切り込みを入れる。肉まで届かないギリギリの深さまで、ゆっくり慎重に。

process 03　反対側からも同じように斜めに切り込みを入れ、格子状にする。

process 04　塩、黒胡椒を全体にまんべんなくふる。身の厚いところには気持ち多めに振るイメージで。

process 05　中華鍋または深さのあるフライパンに、アルミホイルをドーナツ状に丸めて置き、輪の中に番茶を入れて強火にかける。

process 06　煙が上がってきたら、肉を皮目を下にしてのせる。

process 07　上から、アルミホイルの蓋をかぶせ、煙が上がる火加減をキープしながら、5分スモークする。しっかりした蓋で密閉せず、アルミホイルで隙間をつくるのがポイント。

process 08　5分経ったら肉をひっくり返し、同様に2分スモークして、取り出す。皮目のほうを長くスモークすると、余計な火が入り過ぎず、味も濃厚になる。

process 09　肉についた茶葉は取り除く。この段階では、まだ肉には火が入っておらずブヨブヨ状態。

process 10　別のフライパンを中火で熱し、皮目から焼く。油は引かなくても、すぐに鴨から脂が滲み出てくる。

process 11　皮目にしっかりと色がつき、脂も出てカリカリになったら、ひっくり返して身の側も軽く色がつく程度に焼いて取り出す。

先にスモークで香り付けをしてから、皮をカリカリに焼いて仕上げます！

process 12　アルミホイルで皮目を上にした状態で包み、余熱で火を入れる。チップでしっかりとスモークした場合は、1日ねかせたほうが燻香も落ち着くが、茶葉を使った軽いスモークなので、すぐに食べられる。粗熱がとれたらスライスして器に盛り、ホースラディッシュの千切りとイタリアンパセリを添える。

Lesson1
Lamb
羊肉

日本人の食生活にも、すっかり浸透した羊肉料理。その味わいや香りの豊かさ、和洋中を選ばない多様な使い方で、人気はますますヒートアップしています。ここでは、ラムチョップなど気軽に手に入るものから少しランクアップして、大きな塊を思い切って料理してみましょう。がんばった！　という満足感も、きっと大きいですよ。

子羊背肉のロースト
Carré d'agneau rôti

ハーブの香りを効かせた子羊を、ラムチョップではなく塊のまま、
フライパンでじっくりと焼き上げます。
骨の際の火の通りにくいところや身の厚い部分を意識しながら焼くと、
全体に均一な、美しいロゼに仕上がりますよ。

Lesson1
Lamb *Carré d'agneau rôti*

子羊のロースに背骨がついたラムラック。1ラックを注文すると、おおよそ8本前後のブロックになっている。今回は、細い骨回りの肉をきれいに掃除したものを使用。

【材料】（つくりやすい分量）
背骨つき子羊ロース肉（ラムラック）
　……700g
塩……8g（肉の重さの1.2%）
黒胡椒……適量
エルブ・ド・プロヴァンス……大さじ1
オリーブオイル……大さじ2

※エルブ・ド・プロヴァンスは、セージ、タイム、フェンネル、ローズマリーなどを合わせた南仏でよく使われるミックスハーブ。代わりに乾燥のタイムやオレガノなどを混ぜて使ってもよい。

❗ 和知の調理道具
直径26cmの鉄製フライパン

process 01

ラムラックは、焼く2時間前に冷蔵庫から出しておく。脂身の部分に格子状の切り込みを入れ、全体にまんべんなく、塩と黒胡椒、エルブ・ド・プロヴァンスをまぶす。

process 02

フライパンにオリーブオイルを入れて中火にかけ、香りが立ったら肉の脂身を下にして入れる。香り付けにもなるので、オリーブオイルはなるべくよいものを使おう。

process 03

脂身にうっすらと焼き色がついたらひっくり返し、フライパンを傾け、スプーンで油を肉にかけてアロゼする。700gの塊なので、ひっくり返すときには肉用のフォークや柄の長いトングがあると扱いやすい。

Lesson1
Lamb Carré d'agneau rôti

process **04**

再びひっくり返し、今度は骨と骨の間の火が通りにくいところを意識してアロゼする。こうして肉の面と脂身を交互にアロゼする作業を何度か繰り返す。

process **05**

15分くらいすると、肉も少し縮み、脂も程よく抜けている。ここでいったん火を止めて、肉の面を下にして5分ほどねかせ、余熱で柔らかく火を通す。

process 06

再度、中火にかけて仕上げ焼き。脂身を下にして、ひたすらアロゼ、アロゼ、アロゼ！ 骨の際に金串を刺して確かめ、十分に温まっていればOK。焼き時間はトータルで20分ほど。

子羊もも肉のロースト
Gigot d'agneau rôti

フランス修業の最初の頃に覚えた、思い出の料理。
子羊の骨つきもも肉を豪快に焼き上げて、「料理してる！」という達成感がありました。
豚のもも肉は家庭では丸ごと焼けないけれど、子羊ならチャレンジできますよ。
マッシュルームのデュクセルを詰めて、旨味たっぷりに仕上げましょう。

ジゴダニョー（羊のもも肉）も、フランス料理の定番食材の一つで、ロースとまた違う旨味の濃い部位。骨つきのまま焼き上げることも多いが、今回は骨を抜いたものを使用。マッシュルームのデュクセルを詰めて焼き上げる。

【材料】（つくりやすい分量）
子羊もも肉（骨を抜いたもの）……1本（2.4kg）
塩……26g（肉の重さの1.1％）
黒胡椒……適量
デュクセル……40g
玉ねぎ……4個
にんにく……1株
タイム（生）……20〜30枝
オリーブオイル……大さじ5

※たこ糸を3m50cmほど用意する。

! 和知の調理道具
深型の銅製耐熱皿

デュクセルをつくる

マッシュルームの風味豊かなペースト。
多めに出来上がりますが、トーストに塗ったり、ディップとしても楽しめます。

【材料】（つくりやすい分量）
マッシュルーム……240g
にんにく……2片
タイム（生）……2枝
オリーブオイル……大さじ4
塩……3つまみ

①マッシュルームは半分に切る。にんにくは半分に切って芯を取る。タイムは葉と枝に分けておく。
②フードプロセッサーににんにくを入れてみじん切りにし、タイムの葉を入れてさらに細かくする。
③マッシュルームを入れ、オリーブオイルの半量と塩を入れて（A）回し、残りのオリーブオイルも入れてペースト状になるまで回す（B）。
④フライパンにオリーブオイル小さじ1（分量外）を入れて中火で熱し、タイムを入れる。香りが立ったら③を入れて炒める。
⑤マッシュルームから水分が出て、いったんペーストがゆるむが、ジュクジュクする火加減でしばらく水分をとばし、再びペースト状になるまで炒め（C）、タイムを取り除き冷ましておく。使い切らない分は冷凍保存が可能。

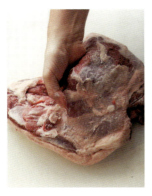

process 01 ジゴダニョーは、表面全体と、骨を抜いた中の部分にもまんべんなく塩と黒胡椒を振る。あらかじめマリネをしないのと、焼き間に落ちてしまう分も考え、塩の分量は少し多め。

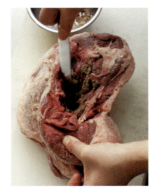

process 02 肉の内側に、デュクセルを塗りつける。本来は肉を開いて塗り、巻きつけるのだが、肉を切らずジューシーに仕上げるため、そのまま中に塗る方法で。

Lesson1
Lamb Gigot d'agneau rôti

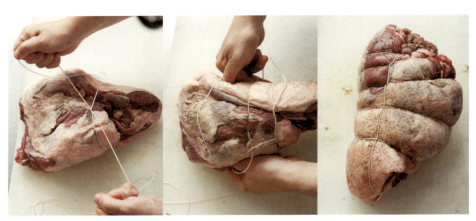

デュクセルが出てこないようにね

process 03 たこ糸を肉の下に通し、上で縛って十字に交差させ、また下に通して上で交差させてを繰り返し、ギュッときつく縛り上げていく。肉が大きく柔らかいので、かなりやっかいな作業だが、写真のように美しくできなくても、全体の形が整うように縛れれば大丈夫。

process 04 玉ねぎは横半分に切り、にんにくも皮つきの株ごと横半分に切って耐熱皿か天板に並べ、タイムをのせる。

process 05 4の上に肉をのせて艶出しのオリーブオイルをかけ、200℃に予熱したオーブンに入れ、まずは40分で様子をみる。

process 06 40分焼いたところ。いったん耐熱皿を取り出し、スプーンで底に溜まった油を上にかけてアロゼする。20回ほど繰り返したら再びオーブンに入れ、さらに40分焼く。オーブンから取り出し、さらにアロゼをして、あとは暖かいところに置いて余熱で火を入れる。たこ糸を外してスライスし、器に盛って焼き汁をかける。

Mardi Gras

子羊のナヴァラン風
Navarin d'agneau

たっぷり野菜と羊をとろとろに煮込んだ、ナヴァラン。
羊とともに欠かせないのが、かぶ（ナヴェ）。柔らかい羊肉のおいしさはもちろん、
その旨味を吸い込んだ野菜がまた美味。
パプリカやなす、ズッキーニも入れたごちそうバージョンにしてみました。

Lesson1
Lamb Navarin d'agneau

子羊肩肉は、そのまま焼くと少し固いので、煮込み料理に最適。適度に脂も混じっており、よいだしとともに、羊独特の脂の甘い香りも楽しめる。

【材料】（つくりやすい分量）

- 子羊肩肉……1kg
- 塩……12g（肉の重さの1.2％）
- 黒胡椒……適量
- 小麦粉……20g
- 玉ねぎ……1個
- にんにく……大1片
- かぶ……大2個
- パプリカ（赤、黄）……各1個
- なす……小2本
- ズッキーニ……1本
- にんじん……1本
- じゃがいも……小6個
- トマト……小2個
- トマトピューレ……400ml
- タイム（生、紐で縛っておく）……5枝
- ローリエ（乾燥）……1枚
- バジル（生）……1枝
- オリーブオイル……大さじ1
- バター……30g
- 塩……適量
- 水……500ml

! 和知の調理道具
直径24cmの鋳鉄製鍋

process 01　子羊肩肉は5cm角に切り、全体に塩と黒胡椒を振って、小麦粉を薄くはたく。この小麦粉が、スープに自然なとろみをつけてくれる。

process 03　にんにく、じゃがいも、トマト以外の野菜をボウルに入れ、塩ふたつまみを振ってざっくりと混ぜ、しばらくおく。これでアク抜きになって煮やすくなる。野菜から出た水分は、キッチンペーパーで押さえて取り、面倒だが、また野菜ごとに分けておく。

process 02　玉ねぎは4つ割りに、にんにくは半分に切って芯を取る。かぶは茎を少し残して皮つきのまま半分に、パプリカは種を取って一口大に切る。なす、ズッキーニはそのまま、にんじんは皮をむいて、それぞれ厚さ1.5cmの輪切りにする。じゃがいもは皮つきで丸ごと使う。トマトは半分に切る。

process 04　鍋にオリーブオイルを入れて中火で熱し、香りが立ったら肉を脂がついている面から焼く。

process 05　しっかり焼き色がついたらひっくり返し、全面に色がついたら、いったん取り出す。肉から出た脂はボウルにとっておく。これは後でまた使う。

process 06　鍋に残っている油をキッチンペーパーで押さえて吸い取り、バターを入れて中火にかける。

process 07　バターが溶けたら、にんにくと玉ねぎを入れて炒める。色をつける必要はないので、油がなじんで香りが出てきたら、にんじん、じゃがいもを入れて炒める。

process 08　油がなじんだら、かぶ、パプリカ、なす、ズッキーニを入れ、ざっと炒めて油をなじませる。

process 09　野菜を半量ほど取り出して、肉を戻す。皿に残った肉汁も残さず入れる。上から野菜をのせ、野菜で肉をサンドして蒸し煮にするのだ。

process 10　上からトマト、トマトピューレ、水、タイム、ローリエ、バジルの軸の部分を入れ、香り付けに取り分けておいた羊の脂を大さじ1入れる。中火にかけ、沸騰したら弱火にし、蓋をして煮込む。

process 11　煮込み始めて30分後。だいぶ汁が上がってきている。鍋の容量にジャストなサイズで煮込むと、濃縮感のあるスープになる。煮込む間は、鍋の中を混ぜたりして動かさないこと。ここからさらに1時間煮込み、トータルで1時間半。最後に味をみて足りなければ塩で調え、香り付けのバジルの葉を入れてなじませれば完成。

column ❶

羊を上手に焼く者は、
肉焼きを制す

肉を焼くのは難しい？
だったら、まずは牛ヒレ肉から始めるといいかもしれないなぁ。
なぜなら、ヒレ肉は固い筋がなく、繊維が太いから火の入りが早くて
熱をコントロールしやすいから。
ヒレ肉が焼けるようになったら、次は鴨。
脂と肉が二層になっているものも、丁寧に上下を上手く焼き、
余熱を利用してロゼ色にもっていく。
そして、筋や脂、肉の芯の部分と、
入り組んだ構成の羊のロースは、もっとも難しい。
でもそこには、肉焼きのメソッドが詰まっているんだ。
骨際の部分と、ロースの芯の部分とその外側、
ロースの芯の上部にある筋と、肉の層になっている部分、
全て熱の伝わり方が違うから、慣れないと厄介だ。
どちらの方向から、どのくらいの加減で火をあてるか？
何分くらい加熱するのか？
同じ種類の羊でも個体差があり、部分的に厚みが違ったりすると、
焼くことの世話は変わってくるから。
時間と火加減はあくまで目安。鼻を利かせて肉から立ち上る香りを感じ取る。
目を凝らして、汗のようにジワジワ出てくる肉汁の変化を見る。
耳を澄まし、油の爆ぜる音を聞く。指で触り、跳ね返る弾力を感じ取る。
上手く焼けたときの食感を忘れないようにする。
火加減と時間と五感を総動員して、初めてわかる。
それができれば、牛肉や豚肉に変わっても、大きくなるだけで、
肉焼きマネージメントには大きな違いがない。
小さな羊を制する者は、肉焼きを制する。そう自分は考えているんだ。

Lesson2
手づくりの
シャルキュトリー

ハムやパテなど、豚肉のあらゆる部位を加工するシャルキュトリーは、
フランスの食文化の豊かさを象徴するとともに、農産国の知恵が詰まった保存食の一つです。
ここでは、手軽につくれるハム、ベーコン、ソーセージやリエットのほか、
MGの人気メニュー、パテ・ド・カンパーニュのレシピも公開します。

Lesson2
Charcuterie

リエット
Rillettes

しっとり、ほろほろと崩れる食感と、酒を呼ぶ塩加減。
次から次へとワインを呼ぶ、魔性の味といえるかもしれません。
マリネしたらラードで煮てほぐすだけの手軽さなので、
シャルキュトリー初心者にもチャレンジしやすいメニューです。

豚バラ肉だけでつくるレシピもあるが、これはロースも混ぜて肉の繊維の食感や旨味をアップ。好みで割合を変えてもいい。

【材料】（つくりやすい分量）
豚ロース肉（ブロック）……250g
豚バラ肉（ブロック）……250g
塩……9g（肉類の重さの1.8％）
黒胡椒（粗挽き）……小さじ1
玉ねぎ……1個
にんにく……5片
ローリエ（乾燥）……1枚
ラード……1ℓ

process 03 ラードと一緒に煮る

鍋にラードを入れ、2の肉と、一緒にマリネしていた玉ねぎ、にんにく、ローリエも入れて中火にかける。

process 04 適温キープで2時間加熱

加熱していくとラードが透き通ってくる。グツグツ沸かないよう、ラードの温度が70〜80℃くらいをキープ。温度が上がり過ぎたら火を止め、また点火しながら2時間ほど煮る。串がスッと通る柔らかさになったら火を止め、そのままおく。

process 01 肉を3日間マリネする

2種類の豚肉に、塩と黒胡椒をすりこみ、ビニール袋に入れる。4等分にした玉ねぎ、半分に切って芯を取ったにんにく、ローリエも入れ、空気をしっかりと抜いて口を縛り、冷蔵庫で3日間マリネする。

process 05 肉とラードを分ける

完全に冷ますとラードがまた固まってしまうので、手で触れるくらいになったら肉をボウルに取り分ける。残ったラードは、玉ねぎやにんにく、ローリエを取り除いて容器に入れ、冷蔵庫へ。リエットやコンフィに再度使うこともできるし、炒めものやチャーハン、ラグーなどに使うとおいしい。

process 02 適当な大きさに切る

1の肉を5cm角に切る。あとでほぐしたときに、肉の繊維の食感も楽しみたいので、あまり小さ過ぎず、大き過ぎずの大きさに。

process 06 肉をほぐす

肉をフォークでほぐす。これも、冷めると肉をつぶしにくいので、ほんのり温かいくらいがやりやすい。ほぐし具合はお好みで。また、ほぐしたものに5のラードを適量混ぜて、しっとりしたペースト状に仕上げてもいい。保存は瓶やココットなどに詰め、上からラードを張ってから密閉し、冷蔵庫へ。10日くらいで食べきる。冷凍も可。

Lesson2
Charcuterie

しっとりボイルハム
Jambon cuit

塩をまぶすのではなく、ソミュールにしっかりと漬け込んだハムは、
やはり塩の入り方、なじみ方が絶妙です。
適度に脂の入った肩ロース肉を、たこ糸で縛ったりせずにつくるので簡単。
高温でグツグツゆでないよう、温度管理だけ気をつけてください。

【材料】(つくりやすい分量)
豚肩ロース肉(ブロック)……1kg
＜ソミュール＞
塩……60g
水……1.5ℓ
黒粒胡椒(ホール)……10粒
ローリエ(乾燥)……1枚
ジュニパーベリー……2粒

もも肉やロース肉で仕込んだハムが多いが、今回は肩ロース肉で。脂身が適度に入り込み、柔らかさもありながら、ギュッと噛みしめる食感と旨味の濃さが楽しめる。

process 01 ソミュールに肉を漬け込む

ソミュールの塩と水を混ぜて火にかけ、いったん沸かして塩を溶かして冷ましたものを準備。密閉容器に入れて豚肉を浸し、黒粒胡椒、ローリエ、ジュニパーベリーを入れて密閉。肉が全部浸かるサイズの容器がなければ、ビニール袋でも可。冷蔵庫で3日ねかせる。

process 02 漬け込み3日後

ソミュールの塩分が肉に浸透し、肉の水分や血が外に出ている。肉は漬け込み前より締まっている。

process 03 鍋に移して火入れ

2をソミュールごと鍋に移して中火にかける。

process 04 アクはしっかりとすくう

沸騰するとアクが次から次へと浮いてくるので、丁寧にすくい取る。

process 05 再び透き通ったソミュールに

アクを取るとソミュールもどんどん澄んでくる。あらかた取れたら火を止めて肉をひっくり返し、そのまま粗熱が取れるまで冷ます。

process 06 加熱して冷ます作業を繰り返す

粗熱が取れたら再度火にかけ、アクを取って冷ます作業を4回ほど繰り返す。ソミュールの量がどんどん減っていくので、表面にキッチンペーパーをかぶせるとよい。

process 07 芯温を測って確認

肉に温度計を刺し、最終的に芯温が65〜70℃になればOK。冷めたら肉を取り出し、保存バッグなどに入れてできるだけ空気を抜いて密閉し、冷蔵庫へ。保存料などが入らないので、1週間以内に食べきる。冷凍も可。

スライスしてそのまま食べるのはもちろん、厚切りをハムステーキにすると、ポークソテーとはまた違うおいしさ。ハムカツもいいですね。

Lesson2
Charcuterie

スモークベーコン
Lard fumé

ハムと同じ工程で豚バラ肉をボイル。スモークをかければベーコンになります。自家製ベーコンエッグのおいしさ、やみつきになりますよ。

【材料】(つくりやすい分量)
豚バラ肉(ブロック)……500g
ソミュール……P73を参照
茶葉またはスモークチップ……10g

肉の旨味と脂の甘さを味わう豚バラ肉。繊維の密度が粗いので、ゆで時間は肩ロースのハムよりも短めに。

process 01 ソミュールに肉を漬け込む
P73を参照してソミュールに豚バラ肉を3日間漬け込む。

process 04 肉を裏返してさらにスモーク
10分経ったら肉をひっくり返し、さらに10分スモークして完成。今回は玄米茶なので柔らかい風味。好みの茶葉やチップでお試しを。保存はラップにぴっちりと包んで冷蔵庫へ。1週間以内に食べきる。

process 02 30分ゆでて冷ます
ソミュールごと鍋に移し中火にかける。沸騰したらアクをすくい、そのままフツフツする火加減で30分ゆでる。ハムに使った肩ロースとは肉の繊維の密度が違い、ソミュールとの交換がしやすい。ゆで汁が減ってきたら表面にキッチンペーパーをかぶせる。そのまま鍋の中で冷ます。

process 03 まずは10分スモークする
中華鍋にアルミホイルをドーナツ状に丸めて置き、中央に茶葉またはスモークチップを入れる。中火にかけ、煙が上がったら肉を脂身を上にしてのせ、アルミホイルをかぶせて10分スモークする。

Mardi Gras

ソーセージ
Saucisses

僕が店でつくるソーセージは、肉はミンチにせず手切り。
角切りの肉がゴロゴロ詰まっています。
腸詰めの作業はちょっと大変ですが、
肉感溢れるジューシーなソーセージに仕上がりますよ。
焼くときは、肉の一粒一粒に火入れするイメージで。

Lesson2
Charcuterie *Saucisses*

ロースとバラ肉の2種類を角切りにして、食感の違いや脂のバランスを楽しむ。

【材料】(つくりやすい分量)
豚ロース肉(ブロック)……250g
豚バラ肉(ブロック)……250g
塩……8g(肉類の重さの1.6%)
黒胡椒(粗くつぶしたもの)……小さじ1
玉ねぎ……1個
にんにく……1片
タイム(生、縛っておく)……10枝
ローリエ(乾燥)……2枚

※羊腸を約100cm用意。

process 01 肉を3日間マリネする

ロースとバラ肉全体に塩と黒胡椒をまんべんなくすりこみ、半分に切った玉ねぎ、厚めにスライスしたにんにく、タイム、ローリエと一緒にビニール袋に入れる。空気を抜いて口を縛り、冷蔵庫で3日間マリネする。

process 02 手切りで肉の粒感を生かす

胡椒や玉ねぎ、ハーブなどを取り除き、肉を7mm角に切る。叩いたり挽いたりしてミンチにするのではなく、肉の粒感を残すよう、キューブに切るイメージ。にんにくは好みで、みじん切りにして入れるとトゥールーズ風に。

腸詰めは重労働。二人がかりでギュギュッと

process 03

羊腸は塩漬けになっているので水にさらしてもどし、腸の中に水を通して洗う。ソーセージ用の丸い口金に絞り袋と腸をセットする。

process 04

絞り袋に2を適量詰める。腸を10cmほど口金から出したあたりから、ギュッと絞り出す。ちょうどいい長さに絞り出したところで、腸をくるくるっとねじって、また次のたねを絞って詰める。

process 05

練った柔らかい挽き肉ではなく、サイコロ状の肉をそのまま絞り出すので、かなりの重労働。渾身の力で絞る人と、口金と腸の面倒をみる人と二人がかりで交代しながら作業するのがおすすめ。

process 06

長さ12cmほどの腸詰めが6本できた。ねじったところで切り離し、ラップをかけて冷蔵庫で冷やして締める。しっかり詰めてねじってあれば、切り口から中身が出ることはない。

ソーセージを おいしく焼き上げる

How to grill the sausage!

上手に焼き上げてこそ、ソーセージの完成です。皮が破けることなく、中までしっかり火入れするにはどうしたらいいか。コツをお教えします。

1 —— フライパンが冷たい状態でオリーブオイル大さじ3を入れ、ソーセージを並べる。ソーセージがくっつくと皮が弾ける元なので、すべるくらい多めの油をひくのがポイント。ここで弱火にかけ、徐々にフライパンを温めていく。生ソーセージは乾かしていない分、皮が加熱による収縮に耐えられず、弾けやすい。熱い状態のフライパンに置くと、すぐに縮こまって弾けてしまうが、こうして弱火で少しずつ温めていくと、ゆっくり収縮していく。そして肉に火が入り始めると、また膨らんでくる。

2 —— フライパンが温まって、ソーセージとフライパンの接着面がジワジワとしてきたら、ソーセージがちょうど隠れるくらいの皿をかぶせて蓋をし、動かさずに焼く。火加減は弱火のまま。

3 —— 2分ほど焼いて、底面に少し焼き色がついたら、ソーセージをひっくり返す。蓋をせずに2分焼いたら、再度ひっくり返す。ここでいったん火を止め、皿で蓋をして4分ほど蒸らす。

GOOD

4 —— 再び弱火にかけて仕上げ焼きをする。側面のまだ生っぽいところも立てて2分ほど加熱。両面も、おいしそうな焼き色がつくまでそれぞれ焼く。ロースとバラの、それぞれ火の通り方が違う2種類の角切りが入っているので、肉の一粒一粒にゆっくり火を入れるイメージで。焼き始めからねかせる時間も含め、トータルで15分ほど。金串を一カ所刺してみて、熱くなっていたら焼き上がり。さあ、テーブルへ！

パテ ド カンパーニュ
Pâté de campagne

家庭では、かなりチャレンジ度が高くなるかもしれませんが、
普段、「マルディ グラ」でお出ししているパテそのままのレシピを大公開します。
決め手は肉の食感を残すことと、3種類のお酒。
フランスの田舎町のビストロやシャルキュトリーで出てくるような、
ざっくりとラフで、ばしっと酒の効いたパテが、僕のイメージするところです。

Lesson2
Charcuterie — Pâté de campagne

【材料】(長さ28cm×幅11cm×高さ8cmの型1つ分)

- 豚ロース肉 (ブロック) ……500g
- 豚バラ肉 (ブロック) ……900g
- 鶏レバー……500g
- 塩……30g (肉類の重さの1.6%)
- 黒胡椒……大さじ1
- 玉ねぎ……1個
- にんにく……2片
- タイム (生) ……10枝
- ローズマリー (生) ……2枝
- ローリエ (乾燥) ……1枚
- コニャック……40ml
- マデラ酒……80ml
- ポートワイン……80ml
- 豚の背脂 (シート状のもの) ……20×80cm

※タイムとローズマリーは紐で縛っておく。

使うのは、豚ロースとバラ肉に、たっぷりの鶏レバー。豚肉は粗挽きと細挽きをミックスし、レバーは混ぜ込まずに塊のまま入れる。

process 01　肉に酒をたっぷり含ませる

ロースとバラ肉は5cm角に切ってボウルに入れる。鶏レバーも入れ、塩、黒胡椒を混ぜたら、酒類を入れて全体を混ぜる。レバーはつぶれやすいので優しく。3種類の酒を贅沢に使うのがポイントだが、そろわなければどれか1種類を200ml入れてもよい。

process 02　3日間マリネする

1を大きなビニール袋に入れ、半分に切った玉ねぎ、半分に切って芯を取ったにんにく、タイム、ローズマリー、ローリエも入れて空気を抜いて口を縛り、冷蔵庫で3日間マリネする。写真はマリネ後。肉がしっかりと酒を吸い込んでいる。

process 03　粗く挽いて肉々しさを残す

2から野菜とハーブを取り除き、レバーをボウルに取り分けたら、ロースとバラ肉をフードプロセッサーでミンチにする。粗く刻んで肉の粒を残したものと、しっかりミンチにしたものと2種類つくって混ぜ合わせる。割合は好みだが、店では粗挽きが多め。マリネ後に残った汁も混ぜてしまってよい。完全にミンチにせず、塊を残して酒も効かせたワイルドなパテを目指す。

process 04 叩きつけながら詰める

背脂を、上からかぶせる分の余裕をもって切り、型に敷き詰める。隙間ができないよう、2〜3枚重ねて張り付けるとよい。そこへ3のミンチをひとかたまりずつ、型の底へ叩きつけるようにして詰めていく。叩きつけることで空気が抜け、密度が濃くなる。

process 05 出来上がりのモザイクをイメージ

底にひと並べしたら、上からレバーを並べ、その上からミンチを、レバー、ミンチと重ねて詰める。後で切ったときに、断面がモザイクになるようイメージしながら。

process 06 こんなにたっぷり詰めます

全部詰め終わった状態。入りきらずにモリモリだが、ここが切ったときに山型食パンのようなきれいな形になる。

process 07 背脂でしっかり包む

周りの背脂をぴっちりとかぶせて蓋をする。型を両手で持ち、下に何度かドンドンと叩くようにして空気を抜く。マリネに使ったハーブを上にのせ、表面にアルミホイルを二重にかぶせる。

process 08 低温でじっくり蒸し焼きに

表面にキリなどで穴を開け、オーブンペーパーを細く丸めた筒を刺して蒸気孔をつくる。深めのバットにタオルを敷いて型をのせ、型の半分程度の高さの湯を張り、160℃に予熱したオーブンで2時間蒸し焼きに。蒸気孔から金串を刺してチェック、熱くなっていれば焼き上がり。そのまま冷ます。

process 09 型を温めて取り出す

型から取り出すときは、型をバーナーで温めるか、湯煎にかけてゆるめてから、バットや受け皿の上で外す。出てきた汁もおいしいので、捨てずに煮込みなどに活用を。パテを切る際は、できるだけ長い包丁のほうがうまく切れる。残ったパテはラップにぴっちりと包んで冷蔵庫へ。1週間程度で食べきる。

column ❷

道具のこと

肉を扱うときの道具について、あれこれ。
道具ってね、使い込むほどに愛着が湧くもんなんだ。
少しずつ、少しずつ、脂が馴染んでいく時間と、
自分の腕前が上がる時間が、不思議と同じだったりするから。
おろしたての道具は、確かに気持ちよい。でも……。
何年も着込んで、自分に馴染んだシャツやパンツを想像してみて？
無理なく動けたり、心地よかったりするでしょう？
鍋もね、そんなふうに育てるものなんだな。
そうするとね、不思議と言うことを聞いてくれる鍋に成長するんだ。
様々な料理をつくったり、焼いたりを繰り返して、油膜ができて、
素材との馴染みもぴったりしてくる。
フライパンは、熱をキープしてくれる、厚手の鉄製がおすすめ。
鍋を選ぶときに最も重要なのは、素材がくっつかないことではなくて、
思っていた火通りにできること。
必要以上に長い時間焼いたりせず、イメージ通りに料理するには、
何度も繰り返し使った道具があってこそ。
鉄のフライパンを手に入れたら、次は重い蓋のついた鋳鉄鍋。
肉も焼けるし、煮込みもつくれるから、一つ持てば大活躍かもしれないなぁ。
それはきっと、宝物になるはず！
もう一つ、必ず持っていてほしいのは、金串。
肉に刺して、ひと呼吸。下唇の下に当てて、熱めのお風呂くらいに感じれば、
ちゃんと肉の芯まで熱が回っている合図。
僕の代わりに火入れ具合を確かめてくれる、大事な相棒なんだ。

Lesson3
肉に合わせる野菜料理

肉料理と同じくらい、野菜もたっぷりと食べてください。
ここでは、ビストロや家庭で気軽に親しまれている、フランスの野菜料理を紹介。
前半の肉料理や後半の洋食のつけあわせやサイドメニューにするのはもちろん、
野菜料理単品でも楽しめるものばかりです。

ラタトゥイユ
Ratatouille niçoise

夏野菜の煮込みは、それだけで元気が出ますね。
たっぷりつくったほうがおいしくできるので、
大鍋で煮てください。

【材料】（直径24cmの鍋でつくりやすい分量）
トマト……中3個
なす……5本
ズッキーニ……2本
パプリカ（赤、黄）……各1個
玉ねぎ……中2個
にんにく……大2片
塩……小さじ1/2
パン（カンパーニュなど）……15g
タイム（生）……5枝
バジル（生）……1枝
ローリエ（乾燥）……1枚
オリーブオイル……大さじ5

1　トマトは横半分に切る。なすとズッキーニは3cmの輪切りに、パプリカは縦に12等分に切る。玉ねぎはくし形切りに、にんにくは半分に切って芯を取る。パンは細かく刻んでおく。

2　トマト、にんにく以外の野菜をボウルに入れ、塩を全体にまぶして10分おき、ザルにあけて出てきた水分をきる。

3　鍋にオリーブオイルとにんにくを入れて中火にかけ、香りが立ったら2の野菜とタイム、ローリエ、バジルの茎の部分を入れる。ざっと炒めて油がなじんだら、蓋をして弱火にし、10分ほど煮てなじませる。

4　トマトとパンを入れてざっと混ぜ合わせたら、蓋をして20分煮る。途中、何度か混ぜる。少量のパンを入れると、全体に適度なとろみをつけてくれる。

5　いったん火を止めて冷まし、再度、火にかけて弱火で30分煮込んだら完成。一度冷ますことで味もしみてコクが出る。塩（分量外）で味を調え、バジルの葉を散らす。

Lesson3
Vegetables

グラタン ドフィノワ
Gratin dauphinois

シンプルなじゃがいものグラタンに、羊乳でつくった
青カビのロックフォールチーズでアクセントをつけました。
羊料理との相性は、もちろん抜群です！

【材料】

（直径 26cmのオーバル型。直火可のもの1つ分）
じゃがいも……大2個
ロックフォールチーズ……45g
牛乳……400ml
にんにく……適量
バター……小さじ1
ナツメグ（パウダー）……少々
塩……小さじ1/4
胡椒……少々

1　耐熱皿ににんにくの断面をこすりつけ、バターを塗っておく。

2　じゃがいもは、ごく薄いスライスにし、1にまんべんなく並べて塩、胡椒、ナツメグを振る。牛乳を注いでロックフォールチーズをちぎってちらす。

3　2を直火にかけて牛乳を沸かしてから、200℃に予熱したオーブンに入れる。10分焼いて、その後180℃に下げて15分焼く。

ゆで白いんげん豆
Haricots blancs en cocotte

野菜やベーコンの香りがついた豆は、
ゆでっぱなしでもおいしいのです。

【材料】（つくりやすい分量）

白いんげん豆（乾燥）……300g
玉ねぎ（半割り）……1個
にんじん（半分に切る）……1本
にんにく（半分に切る）……1片
ベーコン……50g
塩、黒胡椒、オリーブオイル……各適量

1　白いんげん豆は水に一晩浸してからザルにあける。

2　鍋に1と玉ねぎ、にんじん、にんにく、風味付けのベーコンを入れ、ひたひたの水（分量外）を注いで中火にかける。沸騰したら弱火にし、煮詰まってきたら水を足しながら柔らかくなるまで煮る。

3　煮上がった温かい豆を器に盛り、塩、黒胡椒を振り、オリーブオイルを回しかける。

レンズ豆のサラダ
Salade de lentilles

煮込みにしてからサラダに仕立てると、
さっぱりだけじゃない味わい深さに。

【材料】（つくりやすい分量）

＜豆の煮込み＞
レンズ豆（乾燥）……250g
玉ねぎ（みじん切り）……200g
にんじん（みじん切り）……100g
セロリ（みじん切り）……10g
にんにく（半分に切って芯を取る）……1片
ローリエ（乾燥）……1枚
バター……80g
塩……小さじ2
水……800ml

＜サラダ＞
豆の煮込み……250g
赤玉ねぎ（みじん切り）……1/4個
赤ワインヴィネガー……小さじ2
オリーブオイル……小さじ3
イタリアンパセリ（茎ごと粗みじん切り）
　……4枝
塩、胡椒……各少々

1　まず、豆を煮る。鍋にバターとにんにくを入れて中火にかけ、香りが立ったら玉ねぎ、にんじん、セロリを炒める。しんなりしたらレンズ豆を入れてざっと炒め、ローリエ、塩、水を入れる。沸騰したら弱火にし、煮詰まったら水を足しながら、豆が柔らかくなるまで煮る。このまま煮込みとして食べてもいい。

2　ボウルに冷めた1の豆を入れ、その他のサラダの材料を入れて混ぜ合わせる。

Lesson3

Vegetables

トマトとズッキーニのファルシ
Tomates et courgettes farcies

それぞれに合わせたファルス（詰めもの）を詰めて焼き上げます。
ボリュームもあるので、肉料理のつけあわせはもちろん、
これだけでメイン級の料理に。

<トマトのファルシ>

【材料】（つくりやすい分量）
- トマト……小5個
- マッシュルーム（みじん切り）……50g
- 赤玉ねぎ（みじん切り）……1/4個
- ベーコン（みじん切り）……50g
- 炊いたご飯……90g
- グリュイエールチーズ（細かく刻む）……15g
- 塩（ファルス用）……ひとつまみ
- 塩、胡椒……各少々

1. トマトは底の部分を少しだけ平らに切り落とし、ヘタの部分を蓋のように切って、中身をくりぬく。
2. ボウルにトマトの中身、マッシュルーム、赤玉ねぎ、ベーコン、ご飯、チーズ、塩を入れて混ぜ合わせ、ファルスをつくる。ご飯はインディカ米のほうがパラパラで混ぜやすいが、日本のお米でも可。
3. トマトのくりぬいた部分に軽く塩、胡椒を振り、2をこんもりと詰める。

<ズッキーニのファルシ>

【材料】（つくりやすい分量）
- ズッキーニ……大1本
- マッシュルーム（みじん切り）……100g
- にんにく（みじん切り）……少々
- 食パン（8枚切り）……2枚
- 牛乳……100ml
- アンチョビペースト……小さじ1/4
- グリュイエールチーズ（細かく刻む）……80g
- 塩、胡椒……各少々

1. ズッキーニは縦半分に切り、スプーンで中身をくりぬく。くりぬいた中身はみじん切りにする。
2. 食パンは耳ごと細かくちぎり、牛乳に浸しておく。
3. ボウルに1のズッキーニの中身と2、マッシュルーム、にんにく、アンチョビ、チーズを入れてよく混ぜる。
4. ズッキーニの断面に軽く塩、胡椒を振り、3をこんもりと詰める。

<両方の仕上げ>

【材料】
パン粉、イタリアンパセリ（みじん切り）、オリーブオイル各適量

1. 耐熱皿にオリーブオイルを薄く塗り、トマトとズッキーニのファルシを並べる。トマトの蓋も隙間に並べる。
2. 上からパン粉を振り、オリーブオイルを回しかけ、180℃に予熱したオーブンで20分焼く。仕上げにイタリアンパセリを振る。

Lesson3
Vegetables

野菜のソテーとピュレ
Légumes sautés Purée de légumes

肉料理のつけあわせの王道ともいえる、ソテーとピュレ。
野菜単品にじっくり火を入れて甘みを引き出します。いずれもバターたっぷり。それが、おいしいのです。

〈ポテト リヨネーズ〉

玉ねぎを使うのがリヨン風。ベーコンの旨味も加わって、このままビールのつまみにも。

【材料】(つくりやすい分量)
じゃがいも (皮つきのまま薄い輪切り) ……300g
玉ねぎ (少し厚めのスライス) ……1/2 個
にんにく (つぶす) ……1片
ベーコン (短冊切り) ……40g
タイム (生) ……3〜4枝
バター……60g
粗塩……小さじ 1/4
胡椒……少々

1 フライパンにバターを入れて中火にかけ、じゃがいもを入れる。軽く炒めて、じゃがいもの周りに透明感が出てきたら、にんにく、ベーコン、タイムを入れる。

2 ざっと炒め合わせて香りが立ってきたら、玉ねぎを入れる。粗塩、胡椒を振り、焦げつかないよう、ときどきフライパンをあおりながら、じゃがいもと玉ねぎに火が通るまで炒める。

〈いんげんのソテー〉

飽きのこないシンプルなソテー。
いんげんはくたくたにしても、シャキッと仕上げても。

【材料】(つくりやすい分量)
いんげん……200g
玉ねぎ (薄切り) ……小 1/2 個
バター……15g
塩……ひとつまみ

1 いんげんは固めにゆでておく。

2 フライパンにバターを入れて中火にかけ、玉ねぎと塩を入れて炒める。

3 玉ねぎにバターがなじんだら、いんげんを入れ、どちらもしんなりとしてからみ合うくらいまで炒める。味をみて、塩が足りなければ少々振る。

〈アンディーヴのブレゼ〉

蒸し焼きにして、味をギュッと凝縮。
オレンジの皮が甘い香りを添えます。

【材料】(つくりやすい分量)
アンディーヴ (縦半分に切る) ……3個
バター……50g
粗塩……少々
オレンジの皮 (千切り) ……適量

1 鍋にバターを入れて中火にかけ、アンディーヴの断面を下にして並べる。粗塩を振り、蓋をして10分蒸し焼きにする。

2 ひっくり返し、蓋をしてさらに10分蒸し焼きにする。器に盛り、オレンジの皮を散らす。

〈かぼちゃのピュレ〉

ずばり、『パンプキン・パイとシナモン・ティー』のイメージでつくりました。
わかるかな？

【材料】（つくりやすい分量）
かぼちゃ（皮をむいて一口大に切る）……200g
バター……40g
紅茶葉……小さじ1/2
シナモンパウダー……少々
塩……小さじ1/4
水……300ml

1 紅茶は、だしパックなどに入れ、その他の材料と一緒に鍋に入れて中火にかける。沸騰したら少し火を弱め、蓋をして10〜15分煮る。

2 紅茶を取り除き、残っている水分をきり、フードプロセッサーでピュレにする。

〈じゃがいものピュレ〉

粘らせず、クリーミーに仕上げるのがポイント。
機械を使わず丁寧に裏ごしするのが決め手です。

【材料】（つくりやすい分量）
じゃがいも……大2個（400g）
牛乳……100ml
バター……100g
塩……小さじ1/4

1 じゃがいもは丸ごとゆでるか蒸して皮をむく。熱いうちに裏ごしにかける。じゃがいもに粘りを出したくないので、裏ごしするときは、木べらで少しずつ、押し出すようにする。

2 1と牛乳、バター、塩を鍋に入れて中火にかけ、混ぜ合わせながら加熱し、なめらかなピュレにする。焦がさないように注意。

〈にんじんのピュレ〉

甘みに、ほんのりと
クミンの香りを効かせています。
サラッとした口当たり。

【材料】（つくりやすい分量）
にんじん（一口大に切る）……200g
バター……20g
クミンパウダー……少々
きび砂糖……小さじ1
塩……小さじ1/4
水……300ml

1 鍋にすべての材料を入れ中火にかける。沸騰したら少し火を弱め、蓋をして30分煮る。

2 残っている水分をきり、フードプロセッサーでピュレにする。

Lesson3
Vegetables

キャロット ラペ
Carottes râpées

レモンを効かせて爽やかに。
にんじんがくたっと
なじんだくらいがおいしいです。

【材料】(つくりやすい分量)
にんじん（千切り）……100g
イタリアンパセリ（みじん切り）……小さじ1/2
レモン汁……大さじ2
サラダ油……大さじ1
塩……ふたつまみ

1　ボウルににんじんを入れ、塩、レモン汁、サラダ油を和えてなじませる。
2　イタリアンパセリを混ぜる。

根セロリのレムラード
Céleri en rémoulade

根セロリ独特の風味が爽やかです。
余裕があればマヨネーズもぜひ手づくりで！

【材料】(つくりやすい分量)
根セロリ（千切り）……100g
イタリアンパセリ（みじん切り）
　……小さじ1/2
マヨネーズ……大さじ2
マスタード……大さじ1
レモン汁……大さじ1
塩……ふたつまみ

1　ボウルに根セロリを入れ、塩、レモン汁を和えてなじませ、さらにマヨネーズ、マスタードで和える。
2　イタリアンパセリを混ぜる。

ラディッシュ バター
Radis au beurre

器に盛るだけ。でも形になるんですよね。
これもフランスでは定番の野菜料理。

【材料】(つくりやすい分量)
ラディッシュ……お好みの量
バター……適量
粗塩……適量

1 ラディッシュは洗って軸の汚れ
  などを取り、器に盛る。
2 バターを添え、粗塩を振る。

ポワロー ヴィネグレット
Poireaux à la vinaigrette

くたっと煮えたポロねぎが温かいうちに
ヴィネグレットをかけると、より味もなじみます。

【材料】(つくりやすい分量)
ポロねぎ……3本
粗塩……適量
＜ヴィネグレット＞
マスタード……大さじ2
白ワインヴィネガー……大さじ1
サラダ油……大さじ3
塩……小さじ1/4
胡椒……少々

1 ポロねぎは青い葉のほうに縦に切り込み
  を入れ、よく洗って間に入った泥などを落
  とす。バラけないようにたこ糸で縛り、塩
  少々（分量外）を入れた湯で、柔らかくな
  るまで30分ほどゆでる。

2 ボウルにマスタード、白ワインヴィネガー、
  塩、胡椒を入れて混ぜ合わせたところへ、
  サラダ油を入れてよく混ぜ、ヴィネグレット
  をつくる。

3 1のポロねぎのたこ糸を外し、水気をきっ
  てから器に盛る。粗塩を軽く振り、ヴィネ
  グレットをかける。

Lesson3 Vegetables

マッシュルームのサラダ
Salade de champignons

生のマッシュルームって、加熱したときとの食感の違いがおもしろくて、ちょっとクセになります。ヴィネグレットでさっぱり仕上げるのもいいのですが、マスタードとヨーグルトをからめてワインが進む一皿にしました。

【材料】(つくりやすい分量)
マッシュルーム……20個
エシャロット(みじん切り)……大さじ1
パセリ(みじん切り)……大さじ1
にんにく(すりおろす)……少々
マスタード……大さじ1
プレーンヨーグルト……大さじ2
レモン汁……大さじ1
塩……小さじ1/4
胡椒……適量

1　マッシュルームを厚めにスライスしてボウルに入れ、レモン汁と塩、胡椒をからめる。

2　エシャロットとパセリも入れ、マスタードとにんにく、ヨーグルトを混ぜたものを入れてさっくりとからめる。

グリーンサラダ
Salade verte

葉っぱだけのシンプルなサラダだからこそ、気が抜けません。
ベチャッとさせず、ふんわりと野菜にドレッシングをからませるだけで、
なんでもないサラダが見違えるような仕上がりになりますよ。

【材料】（つくりやすい分量）
好みの葉野菜とハーブ……合わせて120g
＜ドレッシング＞
マスタード……大さじ2
白ワインヴィネガー……大さじ2
玉ねぎ（すりおろす）……少々
にんにく（すりおろす）……少々
ひまわり油……大さじ3
塩……小さじ1/4
胡椒……適量

※ここで使った葉野菜は、サニーレタス、グリーンカール、レタス、マスタードグリーン、エンダイブ、ルッコラ、セルフィーユ、ディル、エストラゴン。種類はもっと少なくて構わないが、レタス系に、アクセントとなる葉っぱやハーブを混ぜるのがおすすめ。

1 ドレッシングをつくる。ボウルにマスタード、白ワインヴィネガー、玉ねぎとにんにく、塩、胡椒を入れて混ぜ、ひまわり油を少しずつ混ぜながら乳化させる。多めにできるので、残りは瓶などに入れて冷蔵庫へ。

2 葉野菜とハーブは冷水に浸してパリッとさせてから、水気をしっかりときって適当な大きさにちぎる。

3 大きなボウルに1のドレッシング大さじ1½を入れ、ゴムべらでボウルの側面に伸ばして広げる。

4 3に2の野菜を入れ、ゴムべらでボウルの底から内側に向かってドレッシングをすくうように、手早くさっくり野菜と和える。野菜の上にドレッシングをかけて混ぜないのが、ベチャッとさせないポイント。

column ❸

"決まり"に頼らず、
"決まる"盛りつけを

マルディ グラのメニューは、左にアペタイザー、右にメインと書いてあるだけで、
細かくジャンル分けをしていない。お客様も、それを自由に楽しんでいる。
お一人ずつ、前菜とメインを選んでコース仕立てにするテーブルもあれば、
その隣では、大勢であれこれシェアして盛り上がっていたり。
がっつりした肉料理と同じく人気なのが、
パテやハムなどのシャルキュトリーと、季節ごとの野菜料理だ。
常連のお客様になるともう、料理はこちらにお任せ状態。
「今日は牛肉を食べたいな。その前に野菜とパテを適当に」
大皿にあれやこれやと自由に盛り込んだ前菜が運ばれると、
周りのテーブルからも「わっ」と視線が集まる。
よく質問をされる。
「すごくラフに盛りつけているように見えるのに、
どうしたら"決まる"んですか?」
この肉にはこのつけあわせが王道。
この料理はこの切り方でこの盛りつけ方が伝統的。
長く受け継がれてきた料理には、これがベスト! とも言うべき
組み合わせや盛りつけのセオリーがあって、
もちろんとても大切なことだけれど、
どうしても画一的な見た目になって、個性が埋もれてしまう。
自分は料理を盛りつけるときに、
表裏や向きをあまり決めつけないようにしている。
手前の席から見ても、奥の席から見てもおいしそうに見えるように。
料理を撮影してくれるカメラマンに、「どちらが手前ですか?」と聞かれると、
「どこからでも、自由に撮ってください」と答える。
"決まり"を取っ払って、自由に、とにかく旨そうな盛りつけだけを意識して、"決まる"。
盛りつけって、じつは料理した人の頭のなかが、いちばん表れるところなんじゃないかなあ。
そんなことを、日々、考えて料理を盛りつける。

Lesson4
ようこそ！洋食マルディ グラ軒へ

いらっしゃいませ。ここは「洋食マルディ グラ軒」。
カレーにハヤシ、ハンバーグにメンチカツ。
その他いろいろ、お肉が大好きな人のための洋食メニューをご用意しました。
お酒もご飯も進みますよ。ささ、どうぞどうぞ、テーブルへ。

温故知新
ポークカレー

豚バラ肉がゴロゴロと入った、昔懐かしのカレーライス、と思いきや、
カレーのベースに小麦粉を使わないので、さらりと軽い仕上がり。
野菜の旨味もたっぷりと溶け込んでいます。

Lesson4 Bistro Mardi Gras — 温故知新 ポークカレー

【材料】（直径24cmの鍋でつくりやすい分量）

豚バラ肉（ブロック）……1kg
塩（豚肉用）……12g（肉の重さの1.2%）
黒胡椒（粗挽き）……小さじ1/4
小麦粉……適量
トマト……中1個
ローリエ（乾燥）……1枚
クローブ……2粒
カレー粉……大さじ1
鶏のだし（P5参照）……300ml
水……1.5ℓ
オリーブオイル……大さじ2
粗塩……小さじ1/2
バター……20g

＜カレーベース＞
玉ねぎ（ざく切り）……2個
にんじん（ざく切り）……1本
セロリ（ざく切り）……10cm
にんにく（半分に切って芯を取る）……3片
しょうが……1片（10g）
カレー粉……大さじ5
黒胡椒……大さじ1
クミンパウダー……大さじ2
インスタントコーヒー……小さじ1
はちみつ……大さじ1
バター……15g
粗塩……小さじ1/4

ご飯……適量
ピクルス（つけあわせ）……適量

豚バラ肉を大ぶりに切ってゴロゴロ入れ、旨味たっぷりに。始めにしっかりと焼いて脂を出しておくと、くどくならない。

豚肉を焼いて煮込む

process 01 豚肉は5～6cm角に切って塩、黒胡椒をまんべんなくなじませてから、小麦粉を薄くはたく。

process 02 鍋にオリーブオイルを入れて中火で熱し、オイルの香りが立ったら豚肉をぎゅうぎゅう詰めに並べ、動かさずに焼いて脂を出す。

process 03 しっかりと濃い焼き色がついたら、肉を倒して他の面も同様に焼く。仕上がりの色も深くなるので、大胆に色をつけても大丈夫。全面焼けたら鍋を傾け、たっぷり溜まった脂をボウルなどに取り分ける。これは後で使う。取りきれない脂はキッチンペーパーでぬぐう。

process 04 3の肉に、香り付けのカレー粉を振りかけ、全体にまぶすようにして混ぜる。

process 05 鶏のだしと水を注ぎ、粗塩とローリエ、クローブ、ざっくり切ったトマトを入れる。トマトは1個だけだが、隠し味になる。中火にしばらくかけ、煮汁が沸いたら蓋をして、弱火で2時間を目安に煮込む。

カレーベースをつくる

process 06　ミキサーに玉ねぎ、にんじん、セロリ、にんにく、しょうがと、水200ml（分量外）を入れて回し、ピュレ状にする。

process 07　フライパンに、3で取り分けておいた脂を大さじ6入れて中火で熱し、6と粗塩を入れて炒める。

process 08　しばらく炒めて水分をとばす。木べらで線を引いたところに水分がジワジワと滲んでこなくなるのが目安。

process 09　カレー粉、黒胡椒、クミンパウダー、インスタントコーヒーを入れて混ぜる。一気に水分がなくなるので弱火にして香りが出るまでしばらく炒める。

process 10　さらにはちみつ、バターも入れたら再び中火にし、鍋底に焦げつかせるくらいまでしっかりと炒め、香ばしさを出す。

process 11　しっかりと炒めたら、5の煮汁を少し入れてのばし、鍋底の焦げつきをこそげ取ってきれいにする。

カレーの仕上げ

process 12　5を2時間煮込んだところ。肉はすっかり柔らかくなっている。

process 13　11のカレーベースに、さらに煮汁を入れてゆるくのばし、12の鍋へ入れて全体を混ぜる。フツフツと沸く火加減で、蓋をせずに30分ほど煮てなじませる。

process 14　味をみて、足りなければ塩、胡椒（分量外）で調え、火を止める。仕上げにバターを入れて、コクとまろやかさをプラスする。器にご飯をよそってカレーをかけ、好みでピクルスなどを添える。

Lesson4
Bistro Mardi Gras

郷愁の
ハヤシライス

本書のレシピで唯一の薄切り肉！　缶詰のデミグラスソースをうまく利用して、
ほんのり甘いけれどベタベタしない、大人のハヤシライスを目指しました。
仕上げに入れるグリンピースが、ちょっとレトロな雰囲気を醸し出します。

【材料】（直径24cmの鍋でつくりやすい分量）

- 牛バラ肉（スライス）……1kg
- 塩（肉の下味用）……8g（肉の重さの0.8%）
- 黒胡椒（粗挽き）……小さじ1/4
- 玉ねぎ……3個
- マッシュルーム……16個
- バター……60g
- 鶏のだし（P5参照）……300ml
- 水……2ℓ
- 塩……小さじ1/4

<ルウ>
- バター……10g
- 小麦粉……10g
- 砂糖……大さじ1
- ココアパウダー……小さじ1
- デミグラスソース（缶詰）……2缶（580g）
- トマトケチャップ……大さじ1
- 黒胡椒……小さじ1

<仕上げ用>
- 赤ワイン……100ml
- トマトケチャップ……大さじ2
- グリンピース（缶詰）……大さじ3
- 塩、黒胡椒……各適量

- ご飯……適量

適度に脂が混じった牛バラ肉の薄切りで、ソースとなじんだ一体感ある味わいに。

肉と野菜を煮込む

process 01 牛肉は10cmくらいの長さに切り、塩、黒胡椒を振り、手でざっくりとなじませる。玉ねぎは厚さ5mmのスライス、マッシュルームも厚めにスライスする。

process 02 鍋にバターを入れて中火にかけ、うっすら焦げて色がつく程度に熱したら、1の牛肉を入れる。全体をほぐすように炒めたら、今度は動かさずに、鍋底が少々焦げつくくらいまでしっかり焼きつける。

process 03 玉ねぎを入れて塩を振り、ざっくりと炒め合わせる。玉ねぎに油がなじんだら、マッシュルームを入れてさらに炒める。

process 04 玉ねぎが透き通ってきて甘い香りが立ってきたら、鶏のだしと水を注ぐ。沸騰したら弱火にし、蓋をして1時間を目安に煮込む。

肉をしっかり焼きつけると仕上がりも香ばしい！

Lesson4
Bistro Mardi Gras 郷愁の ハヤシライス

ルウをつくる

process 05　フライパンにバターを入れて中火で熱し、小麦粉を入れて炒める。

process 06　うっすらと色がついてきたら弱火にし、さらに炒める。絶えず木べらを動かしながら、ゆっくりと色をつけていく。

process 07　粉気がなくなり、さらっとした感触になったら、砂糖、ココアパウダーを入れてさらに炒める。甘く香ばしい匂いが立ってくる。

process 08　4の煮汁を100mlほど取り、ダマにならないよう、少しずつ注ぎながら泡立て器で混ぜてのばしていく。

process 09　粉がしっかりと溶け込んでなめらかになったら、デミグラスソースとトマトケチャップを入れ、黒胡椒を振る。

process 10　全体を混ぜ込んだら、中火でしばらく煮立たせて、缶詰っぽさをとばす。

ハヤシソースの仕上げ

process 11　4を1時間煮込んだところ。牛肉も野菜も、くったりとして、よくなじんでいる。

process 12　10のルウに煮汁をさらに入れてゆるくのばし、11に入れる。全体を混ぜ込んだら、蓋をせずに、フツフツと沸く火加減で30分ほど煮詰めながらなじませる。

process 13　別のフライパンに赤ワインを入れて中火にかける。沸騰してアルコールがとんだらトマトケチャップを入れて混ぜ、12に入れる。

process 14　味をみて塩、黒胡椒で調え、グリンピースを入れて完成。器にご飯をよそい、ハヤシソースをかける。

\カーニバル！/
ハンバーグ

普段、店で出しているハンバーグは、牛の粗挽き肉に腎臓なども混ぜ込み、
バラバラとした肉の粒感を出していますが、ここは洋食マルディ グラ軒。
牛豚の合挽き肉をしっかり練って、ふっくら柔らかな食感に仕上げました。
色とりどりのつけあわせやソースで、賑やかに楽しんでください。

Lesson 4
Bistro Mardi Gras — カーニバル！ ハンバーグ

【材料】(つくりやすい分量)
牛豚合挽き肉……500g
塩……6g（肉の重さの1.2％）
黒胡椒（粗挽き）……小さじ1/4
玉ねぎ（みじん切り）……1/2個
にんにく（すりおろす）……少々
卵……1個
パン粉……大さじ3
牛乳……150ml

オールスパイス（パウダー）……少々
オリーブオイル……大さじ1
バター……15g

ソースとつけあわせ……トマトソース、ゆでたじゃがいも、いんげんのソテー、にんじんのピュレ、半熟卵などお好みで

合挽きの割合は、牛と豚が7：3。スーパーで一般的に売られている細挽きのものを使用。

process 01 ボウルに挽き肉以下、オリーブオイルとバター以外のすべての材料を入れる。玉ねぎはシャキシャキ感を残したいので生のままでよい。

process 02 1の下に氷水を入れたボウルを重ね、たねを冷やしながら、手でギュッとつかむようにして混ぜ合わせる。牛乳の量が多く、たねがとても柔らかいので冷やさないとゆるゆるになってしまう。

process 03 脂が固まって結着力が高まり、ねっとりとした状態になるまで、しっかりと練り合わせる。

process 04 たねを2等分にし、両手でキャッチボールするようにして空気を抜きながら丸める。あまり平らにせず、丸く厚みをもたせるほうが、ふっくらと仕上がる。

process 05 焼いたときに膨らむことを考え、丸めたたねの真ん中を凹ませる。調味料を含め、約700gのたねを2等分にしたので、かなりのビッグサイズだ。

process 06 フライパンにオリーブオイルを入れて中火で熱し、たねを置く。大きいので1個ずつのほうが上手に焼けるが、もちろん2個同時に焼いてもいい。

process 07　すぐに蓋をして、2〜3分蒸し焼きにする。

process 08　こんがりと、いい焼き色がついたらひっくり返し、バターを入れる。

process 09　フライパンを傾け、溜まった油をスプーンでたねに回しかけて、2分ほどアロゼする。

process 10　再度、蓋をして、弱火で5分ほど蒸し焼きにしたら、火を止めてそのまま7分ほど蒸らす。

process 11　焼き上がり。このままでもしっかり味がついているが、好みのソースやつけあわせを添えて華やかに。

フレッシュトマトソース
ハンバーグを蒸らす時間で簡単にできるトマトソースです。

【材料】
ミニトマト……200g
塩……ひとつまみ
にんにく（みじん切り）……少々
バター……15g

① ミニトマトは半割りにして、塩をまぶす。
② フライパンにバターを入れて中火にかけ、にんにくを入れる。
③ にんにくの香りが立ったら①を入れ（A）、フライパンをゆすりながら、トマトが軽く煮崩れるまで5分ほど炒める（B）。

Lesson 4
Bistro Mardi Gras

禁断の
メンチカツ

豚挽き肉に牛脂とラードをたっぷりと混ぜ込みフライにした、危険な（笑）メンチカツ。
でもね、だからおいしいんです。噛みしめると、ジュワジュワ旨味が溢れ出て、
ずっしり重量感があるけれど、きっとぺろっと食べてしまいますよ。

【材料】（つくりやすい分量）

豚挽き肉……500g
牛脂（和牛のもの）……100g
塩……6g（肉類の重さの1%）
黒胡椒（粗挽き）……小さじ1
玉ねぎ……大1/2個
にんにく（みじん切り）……少々
ラード……大さじ4
小麦粉……25g
卵……1個
牛乳……30ml
生パン粉……適量

揚げ油……適量
キャベツの千切り（つけあわせ）、
　ソース……各適量

合挽きではなく、豚肉100％の挽き肉。牛脂やラードを混ぜるので、挽き肉自体は脂身のなるべく少ないものを。

process 01　牛脂は粗みじん切りにする。豚挽き肉に混ぜて、複合的な旨味をプラス。スーパーなどに置いてある型抜きの牛脂ではなく、和牛の脂を精肉店で分けてもらうといい。

process 02　玉ねぎはみじん切りにして、生のまま使う。シャリッとした食感が、アクセントになる。

process 03　ボウルに豚挽き肉と1、2、塩、黒胡椒、にんにく、ラードを入れる。牛脂とともに、たっぷりのラードも、ジューシーに仕上げるポイント。

process 04　手でギュッとつかむように全体を混ぜ合わせていく。初めはツブツブした感じだが、ラードが全体に混ざり込み、ねっとり、なめらかな状態になるまでしっかりと混ぜる。肉の粒をつぶさずに、ラードを行き渡らせるイメージ。ラードが固まらないよう、たねは冷やさず常温で作業する。

process 05　4のたねを3等分にし、1個ずつ両手でたねをキャッチボールするようにして空気を抜き、丸める。あまり平たくせず、厚みが出るように。加熱すると膨らむので、真ん中を凹ませておく。1個の重さは約230gのヘビー級。

111

Lesson4
Bistro Mardi Gras — 禁断の メンチカツ

process 06　小麦粉、卵、牛乳をよく混ぜ合わせてバッター液をつくる。5のたねに小麦粉（分量外）を薄くはたき、バッター液をからめて生パン粉をつける。押さえつけてたねをつぶさないように気をつけつつも、全体にしっかりとつけること。

process 08　そのまま衣が固まるまで動かさずに揚げ、きつね色になってきたらひっくり返す。中まで火が通ってくると、肉汁が出てきて油と反応し、パチパチとした音に変わるので、そのタイミングで引き上げる。

process 07　揚げ油を170〜180℃に熱し、6を入れる。たねが重く、柔らかいので、網じゃくしにのせて、そっと入れるといい。

process 09　油をきりながら、少しおいて余熱でさらに火を通す。器に盛り、キャベツの千切りを添える。そのままでもしっかり味がついているが、とんかつソースなどをかけても。

麗しの
ロールキャベツ

キャベツは薄皮1枚仕立て。中の肉をしっかり味わえるバランスにしています。
きのこやトマトも混ぜ込んで、旨味もたっぷり。
手間のかかる作業をネガティブに取るか、楽しさと捉えるか、
そこが、ロールキャベツをおいしくつくる分かれ道かなあ。

Lesson4
Bistro Mardi Gras ｜麗しのロールキャベツ

【材料】（つくりやすい分量）

- キャベツ……大1個
- 牛豚合挽き肉……1kg
- 塩……12g（肉の重さの1.2％）
- 黒胡椒……小さじ1/2
- 玉ねぎ（みじん切り）……1/2個
- マッシュルーム（みじん切り）……8個
- トマト（種ごとみじん切り）……小2個（150g）
- にんにく（みじん切り）……少々
- 炊いたご飯……40g
- 卵……1個
- 牛乳……大さじ2
- カレー粉……少々
- 鶏のだし（P5参照）……約600ml
- ローリエ（乾燥）……1枚
- 粗塩……適量
- パセリ（みじん切り）……適量

牛と豚の割合が7：3の合挽き肉。ハンバーグやメンチカツのように、他の油脂が入らないので、仕上がりもさっぱり。

たねをつくる

キャベツをゆでる

process 01 ボウルに合挽き肉を入れ、以下、カレー粉までの材料をすべて入れる。マッシュルームとトマトはフードプロセッサーにかけて細かくみじん切りにしているが、マッシュルームを手切り、トマトは同量のトマトピューレで代用してもいい。カレー粉はほんの香り付け。ご飯は肉や野菜の旨味を吸い取ってくれる。初めは手で握るようにして混ぜ、全体が合わさったらよくこねて粘りを出す。氷水の入ったボウルを重ねて冷やしながら作業すると、たねの結着力が高まる。

process 02 キャベツは丸のまま、ペティナイフなどで芯の部分をくりぬく。

process 03 深さと直径のある鍋に湯を沸かして粗塩を溶かし、キャベツを丸ごとゆでる。湯が9ℓに対して粗塩大さじ4が目安。キャベツが浮いてくるので菜箸などで沈めながら。

process 04 周囲からはがれてくるので、葉に透明感が出てきたら順次引き上げ、氷水にはなして冷やす。

process 05 葉が冷えたら、水っぽくならないよう、すぐに引き上げ、キッチンペーパーで押さえて水気を拭き取る。

process 06 5を外側を上にして広げ、芯の部分を包丁で削ぎ取り、全体を同じ厚さのシート状にする。削ぎ取った芯も甘くておいしいので、みじん切りにして、たねに混ぜるといい。

キャベツでたねを巻く

process 07　6の葉を、内側を上にして置き、芯の側にたねをのせる。1個につき100gが目安。手前からくるっと1回巻いたら、両側の葉を折り込み、また手前からくるくると最後まで巻く。小さな葉を中に重ねるやり方もあるが、肉とのバランスが悪くなるので、大きな葉のみ使う。余った葉はサラダにしたり焼肉を巻いたり、別の料理に。

process 08　7を巻き終わりを下にして、鍋にぎっしりと詰める。直径24cmの鍋で11個入った。たねは少し余るので、もっと大きな鍋でたくさんつくっても。鶏のだしをひたひたに注ぎ、ローリエをのせる。

process 09　クッキングシートを鍋に合わせて切り、中央に穴を開けて落とし蓋にして中火にかける。沸騰したら弱火にし、40分を目安に煮る。

process 10　40分後。串がスーッと、抵抗なく入れば完成。

process 11　くったり煮えたキャベツとスープがなじんで、見るからにとろとろ。巻き終わりを下にし、ぎゅうぎゅう詰めで煮るので、崩れずきれいに仕上がる。たねの塩気がスープにも滲み出て、いい塩梅。器に盛り、パセリを散らす。

Lesson4
Bistro Mardi Gras

日曜日の
ポークチャップ

ケチャップで味つけするものが多いですが、これはマデラ酒をたっぷりと使って贅沢に。
休日にゆったり楽しみたい大人味なので、日曜日のポークチャップと名付けました。
ちょっとバター醤油風味にも似て、意外やご飯のおかずにもぴったりなんですよ。

【材料】(つくりやすい分量)
骨つき豚ロース肉……300g
塩……3g(肉の重さの1%)
黒胡椒……少々
マデラ酒……100ml
バター……60g
オリーブオイル……大さじ1
塩(ソース用)……ひとつまみ

じゃがいものピュレ(つけあわせ)……適量

ポークチャップ(チョップ)=骨つきの豚ロース肉のこと。骨つきの肉が手に入らなければ、厚切りのロース肉でも。

process 01 豚肉に塩、黒胡椒をまんべんなく振る。後から調味料が加わるので、胡椒は控えめに。

process 02 フライパンにオリーブオイルを入れて中火にかけ、バター30gを入れる。先にオリーブオイルを入れておくと、バターが焦げにくい。

process 03 バターが溶けてきたら、豚肉を入れる。弱火にし、動かさずにそのまましばらく焼く。

process 04 肉を端に寄せてフライパンを傾け、溜まった油をスプーンで肉に回しかけてアロゼする。

process 05 底面にうっすら焼き色がついたらひっくり返し、もう片面もアロゼする。同様に何度かひっくり返しながらアロゼを繰り返す。肉があまり厚くないので、一気に火が通って固くならないよう、また、骨回りは火が通りにくいので一方向から焼かないよう、弱火でゆっくり、両面から火を通すのがポイント。

process 06 骨の際の厚いところに金串を刺し、十分に熱くなっていたら引き上げ、暖かいところで休ませる。

Lesson4
Bistro Mardi Gras　日曜日の ポークチャップ

肉を焼いた後のフライパンでソースをつくる

process 07　フライパンに残った油は、キッチンペーパーで押さえて吸い取る。こびりついているのは旨味なので、無理にこそげ取らないこと。

process 08　中火にしてマデラ酒を注ぎ、沸かしてアルコールをとばしながら半量まで煮詰め、塩を入れる。

process 09　火を止めてから残りのバター30gを入れ、フライパンをゆすりながら溶かし込む。

process 10　再度、火にかけてフツフツと沸いたら火を止める。器に豚肉とつけあわせを盛り、ソースをかける。

マデラ酒とバターだけで旨いソースに。バター醤油にも匹敵するご飯の友です！

王様の ビフカツサンド

ミディアムレアに揚げた分厚いビフカツは、うっとりするほどサクサクしっとり。
そのまま食べてももちろん文句なしに旨い！ところをサンドイッチに。
トーストしたパンと一緒に抵抗なくガブッとかじれる柔らかさです。

Lesson4
Bistro Mardi Gras | 王様の ビフカツサンド

【ビフカツの材料】（つくりやすい分量）
牛ヒレ肉……500g（1枚250gを2枚）
塩……5g（肉の重さの1%）
黒胡椒……少々
小麦粉……25g
卵……1個
牛乳……30ml
生パン粉……適量
揚げ油……適量

ビフカツには、柔らかく歯切れのよいヒレ肉が合う。ここで使用したのはアメリカ産。1枚250g、厚みは2.5cmほどあり、衣をつけるとかなりのボリューム。

process 01 牛肉にまんべんなく塩、黒胡椒を振る。ヒレ肉は繊維が太く塩が浸透しやすいので、気持ち控えめ。後でソースがからむので黒胡椒も控えめに。

process 02 小麦粉、卵、牛乳をよく混ぜ合わせてバッター液をつくる。1に小麦粉（分量外）を薄くはたき、バッター液にくぐらせ、生パン粉をつける。力を入れずにキュッと押さえる感じで、側面にもまんべんなくパン粉をつける。

process 03 揚げ油を中火にかけ、180℃くらいの少し高めに熱する。菜箸を入れるとバーッと細かい泡が出てくるのが目安。

process 04 衣をつけた肉をそっと入れる。衣が固まるまで、いじらずにしばらく揚げる。初めは大きな泡が出て、水分も抜けきらないので色もつかない。

process 05 しばらくすると大きな泡も出なくなり、だんだんきつね色になってくる。金串を刺してみると、まだぬるま湯程度の温かさ。ここでひっくり返し、火を強める。

process 06 火を強めると一気に揚げ色が濃くなってくる。泡もチリチリと細かくなって水分も抜け切ったところで引き上げる。

process 07 温かいところで少し休ませ、余熱を入れる。金串を刺すと、しっかりと熱くなっている。このまま器に盛り付け、ビフカツを楽しむもよし、サンドイッチにするもよし、お好みで。

揚げたてのビフカツでサンドイッチを

【材料】(ビフカツ1枚分)
食パン(6枚切り)……4枚
バター、マスタード……各適量
とんかつ(またはウスター)ソース……適量
ピクルス、ミニトマト(つけあわせ)……各適量

①食パンはトーストして、バターとマスタードを塗る。
②ビフカツは1枚を半分に切り、それぞれソースをからめて食パン2枚にのせる。もう2枚の食パンでサンドする。
③耳を切り落とし、食べやすい大きさにカットする。

W主演
チキンマカロニグラタン

マカロニとソースに紛れて、縮こまってしまった小さな鶏肉は、なんだかさみしい。
鶏肉のおいしさもちゃんと味わえる、肉料理としてのマカロニグラタンを考えました。
熱々をすくうと、皮をパリッと焼いたジューシーなチキンソテーがゴロゴロ出てきますよ。
おいしいベシャメルソースの炊き方も、ぜひマスターしてください。

Lesson4 Bistro Mardi Gras | チキンマカロニグラタン W主演

【材料】(容量1.3ℓのグラタン皿1個分)

鶏もも肉……2枚(400g)
塩……4g(肉の重さの1%)
白胡椒……少々
小麦粉……適量
玉ねぎ(3mmのスライス)……1個
マッシュルーム(5mmのスライス)……8個
バター……30g
塩、白胡椒(野菜用)……各適量
マカロニ……100g
グリュイエールチーズ(細かく刻む)……100g

<ベシャメルソース>
バター……40g
小麦粉……30g
牛乳……700ml
塩……小さじ1/4
白胡椒……小さじ1
ナツメグ……ひとつまみ

鶏もも肉のジューシーな味わいを生かすよう、小さく切らず、大胆に使う。

ベシャメルソースを炊く

process 01 鍋に分量のバターから30gを入れて中火にかけ、溶けてきたら小麦粉を入れ、木べらで混ぜる。別鍋に牛乳も温めておく。

process 02 バターと小麦粉が混ざったら弱火にし、焦がさないよう、絶えず混ぜながら炒め、粉気をとばす。

process 03 1分ほど炒め、粉の香りがとび、バターのいい香りが立ってきたら、中火にして、温めておいた牛乳を少量注ぐ。泡立て器に持ち替え、牛乳がワーッと沸いたら、ダマにならないよう、力を入れずにシャカシャカと横に動かしながら溶き混ぜ、次の牛乳を注ぐ作業を繰り返す。

process 04 牛乳を半量ほど注いだら、残りを一気に注いで混ぜる。フツフツと沸いてきたら塩、白胡椒、ナツメグを入れて混ぜ、弱火に落として5分ほど煮る。

process 05 鍋の縁が固まりやすいので落として溶かし込みながら、焦げつきに気をつけてさらに5分煮る。ここでしっかりと炊き上げて粉のコシを抜くと、牛乳のフレーバーがぐっと濃くなる。

process 06 10分炊いて、とろりとなめらかな状態になったら、火を止めて残りのバター10gと、塩ひとつまみ(分量外)を混ぜ込んで、ベシャメルソースの完成。

鶏肉と野菜、マカロニの下ごしらえ

process 07　鶏もも肉は塩、白胡椒を全体に振り、小麦粉を薄くはたく。

process 08　フライパンにバターを入れて中火にかけ、溶けてきたら鶏肉を皮目を下にして入れる。そのまま動かさずにしばらく焼く。

process 09　皮目にしっかりと濃い焼き色がついたらひっくり返す。身の側も焼き、軽く色がついたくらいで取り出す。この段階では、6〜7割の火通りでよい。

process 10　粗熱が取れたら、1枚を4等分に切っておく。切ってから焼くより、このほうが縮みが少なくジューシーに仕上がる。

process 11　9で鶏肉を取り出した後のフライパンを中火にかけ、玉ねぎを炒める。塩と白胡椒各少々を振り、バターと玉ねぎがなじんだら弱火にする。あまり色がつかないように炒め、しんなりとしたらマッシュルームを入れる。油がなじんで水分が出てきたら、強火にしてとばすように炒め合わせる。

process 12　マカロニは湯2ℓに塩小さじ1（分量外）を入れた湯で柔らかくゆでる。ここでは穴の開いたロングパスタ、ブガティーニをゆでて、長めに切ったものを使用。

グラタンの仕上げ

process 13　グラタン皿にバター（分量外）を塗り、11の野菜の半量を敷き、10の鶏肉の半量を皮目を上にして並べる。

process 14　12のマカロニの半量をのせ、ベシャメルソースの半量をかけて、グリュイエールチーズの半量をかける。ベシャメルはつくってから時間が経つと表面に膜が張るので、よく混ぜてから使う。

process 15　13、14と同様にもう一段重ねる。2段目の鶏肉を並べるときは、1段目の位置とずらして置くと、同じ場所に鶏肉が固まらない。220℃に予熱したオーブンで20分焼く。

あとがきに代えて
マルディ グラのこと、スタッフのこと。

毎日、新しい気持ちで店に立つ。
常に自分の好奇心のアンテナを張って、あるときは急に届いた食材と向き合い、
またあるときは、お客様から聞いた、旨そうな食べものにインスパイアされて料理をつくったり……。
人と素材のセッションのように、日々、料理と向き合う。

マルディ グラをつくるとき思ったのは、世界のどこかにある、いや、ありそうでない、
カッコよくて、とびきり旨い料理を出す店にしたい！　ということ。
世界中を飛び回り、香りと情熱を集めたんだ。
自分の内面から溢れ出る食への欲求すべてが、メニューには表現されているかもしれない。
決して真似でなく、食べ込んで、消化した料理が、自分のフィルターを通して昇華した世界なんだと思う。

スタッフは、宝です。
スーシェフのケースケは、開店間もなくウチに来て、すっかり僕の右腕に。
細い身体で最初はすごく心配だったけど、今では強い心と優しさを忘れない、最高の男になった。
自分が旅に出て留守の間も、安心して肉焼きを任せられるんだ。
サービスを仕切るミヤコは、入ったばかりの頃、酒を飲んだら1人で歩けなかったのに……。
いつの間にかこんなに飲めるようになって。すっかり常連の殿方さばきも上手くなり、大人の女性になったな。
リンリンは、物覚えがすごく早くて、短い期間で前菜とデセールもそつなくこなせるように。
でも少しおっちょこちょいのところがあるかなぁ。そこが可愛いんだけどね。
ウッチーは、ウチでいちばん背が高くて、センスもいいんだ。
家と店を往復する毎日でも髪型と服装に気合いを入れて、お洒落さんでカッコいいぞ。それって大事なこと。
MGの末っ子、シオちゃんは、おっとりさん。じつは焦っているのに、そう見えないところが大物？
きちんと丁寧にお礼の言える子だな。そういうのって、可愛がられるポイント！

よく、「ご家族でやっているんですか？」って聞かれるくらい、チームワークはできてると思う。
大切な、息子と娘たち。いつも、ありがとう。
チーム・マルディ グラは、自分にとって家族そのものなんだ。
さあ、今日もみんなで、全力でお客様をお迎えするぞ。

Joru Wachi
Chef de cuisine

❋ **ワッチー**
仕事も肉。趣味だって
もちろん肉っ！

Keisuke Shimogama
Sous chef

❋ **ケースケ**
わんこ＆動物をこよなく愛する、
シャイなスーシェフ

❋ **ミヤコ**
毎夜ハイボールで晩酌。
ウイスキー消費量はうなぎ上り

Miyako Hirai
Maîtresse d'hôtel

Keisuke Hayashi
Commis de cuisine

❋ **リンリン**
コーヒーを淹れる
リラックスタイムが好き

❋ **シオちゃん**
おやつがあると幸せ。
深夜のラーメンは
もっと幸せ？

Ikuno Shiota
Serveuse

❋ **ウッチー**
音楽大好き。
シェフとMGのDJの
座を奪い合い？

Masaaki Uchida
Serveur

Mardi Gras
マルディ グラ

銀座8丁目、並木通り。細い階段を地下へおりた、20席の小さな空間には、和知シェフの愛する音楽が流れ、旨い料理とワインを楽しむことに長けた大人たちが集います。料理はすべてアラカルト。フレンチをベースに、和知シェフが旅先でインスピレーションを得たオリジナルの料理が脇を固めます。肉料理に定評があり、1kgを超える短角牛のビステッカ（要予約）は大人気。バージョンが変わるごとにナンバリングされる、モツ・キュイジーヌ No.31、男のニューハンバーグステーキ2など、遊び心あるメニューが並びます。

東京都中央区銀座 8-6-19 野田屋ビル B1F
TEL.03-5568-0222
営業時間 18:00 ～ 23:00（ラストオーダー）
日曜定休（祝日は営業）

料理&スタイリング	和知 徹
文・編集	鹿野真砂美
撮影	合田昌弘
デザイン	椎名麻美
校正	株式会社円水社
編集	株式会社世界文化クリエイティブ・川崎阿久里

＊内容に関するお問い合わせは、株式会社世界文化クリエイティブ 電話 03（3262）6810 までお願いします。

銀座 マルディ グラ流 ビストロ肉レシピ
和知 徹シェフ直伝

発行日　2016 年 10 月 20 日　　初版第 1 刷発行
　　　　2017 年 8 月 25 日　　　第 2 刷発行

著者	和知 徹
発行者	小穴康二
発行	株式会社世界文化社
	〒102-8187
	東京都千代田区九段北 4-2-29
	電話 03（3262）5115（販売部）
印刷・製本	共同印刷株式会社

©Toru Wachi, 2016.Printed in Japan
ISBN978-4-418-16336-6
無断転載・複写を禁じます。定価はカバーに表示してあります。
落丁、乱丁のある場合はお取り替えいたします。